O ANO EM QUE DISSE SIM

COMO DANÇAR, FICAR AO SOL E SER A SUA PRÓPRIA PESSOA

SHONDA RHIMES

O ANO EM QUE DISSE SIM

COMO DANÇAR, FICAR AO SOL E SER A SUA PRÓPRIA PESSOA

Tradução
Mariana Kohnert

14ª edição

BestSeller
RIO DE JANEIRO | 2022

CIP-BRASIL. CATALOGAÇÃO NA FONTE
SINDICATO NACIONAL DOS EDITORES DE LIVROS, RJ

Rhimes, Shonda, 1970-
R361a O ano em que disse sim: Como dançar, ficar ao sol e ser a sua
14ª ed. própria pessoa / Shonda Rhimes ; tradução Mariana Kohnert. – 14ª ed. - Rio de Janeiro: Best Seller, 2022.
256 p.

Tradução de: Year of Yes
ISBN 978-85-7684-988-9

1. Motivação. 2. Entretenimento. 3. Desenvolvimento pessoal I. Título.

16-31796 CDD: 658.3
CDU: 658.3

Texto revisado segundo o novo Acordo Ortográfico da Língua Portuguesa.

Título original:
Year of Yes: How to Dance It Out,
Stand in the Sun and Be Your Own Person

Capa: Estúdio Insólito
Editoração eletrônica: Abreu's System
Crédito da imagem de quarta capa: Latinstock/© Efren S. Landaos/Press Line Photos/Corbis/Corbis Entertainment by Corbis

Impresso no Brasil

ISBN 978-85-7684-988-9

Para Harper, Emerson e Beckett,

Que todo ano seja um Ano do Sim. Que vocês herdem um futuro que não mais exija que sejam P.U.D. E, se o futuro chegou e isso ainda não aconteceu, sigam em frente e comecem a revolução. A mamãe deixa.

e

Para Delorse,

Por me permitir começar minha revolução particular. Por dizer "sim" e aparecer todas as vezes em que chamei seu nome. Você é a P.U.D. da família — nós cinco que viemos depois de você agradecemos por criar nossas segundas chances.

A necessidade de mudar abriu uma estrada
no centro de minha mente.
— MAYA ANGELOU

Se você quer que coisas ruins parem
de acontecer com você, pare de aceitar
coisas ruins e exija algo mais.
— CHRISTINA YANG, *GREY'S ANATOMY*

Olá

Sou velha e gosto de mentir (uma espécie de retratação)

Eu sou uma mentirosa.

E não me importo que as pessoas saibam.

Invento coisas o tempo todo.

Antes que você comece a especular sobre meu caráter e minha sanidade... deixe-me explicar: invento coisas porque preciso. Não apenas porque gosto de fazer isso. Quer dizer, eu *gosto* de fazer isso. Eu me divirto muito inventando coisas. Criar histórias fantasiosas enquanto cruzo os dedos às costas me deixa ligada, agitada, me desperta.

Eu *gosto* de inventar coisas.

Eu *adoro isso.*

E de certa forma também está impregnado em mim. Meu cérebro? Meu cérebro naturalmente vai em direção às meias-verdades; ele se volta para a ficção. É como uma flor voltada para o sol. É como escrever com a mão direita. Inventar é como um vício que dá uma sensação gostosa: é fácil de começar, difícil de abandonar. Fiar contos fantásticos, tricotar novelos feitos de histórias. É meu viciozinho secreto. E eu gosto dele.

Mas não é *apenas* um vício. Eu preciso fazer isso. Tenho de fazer.

Inventar as coisas?

É um emprego.

De verdade.

É sério.

A mesma coisa que me colocava de joelhos na igreja durante o recreio, recitando o terço para alguma freira na St. Mary's Catholic School, em Park Forest, Illinois, é um emprego de verdade e honesto. Juro por Jesus, Maria e José.

"Não conte a ninguém, mas minha mãe fugiu da Rússia. Era noiva de um cara, Vladimir — precisou deixar para trás o amor da vida dela e tudo. É tão triste. E agora precisa fingir ser uma norte-americana completamente normal, ou todos podemos ser mortos. É *claro* que eu falo russo. *Dã*. O quê? Ela é uma russa *negra*, seu burro. Como um russo branco, porém negro. De qualquer maneira, não importa que tipo de russa, jamais podemos voltar para lá, nunca, ela é uma mulher jurada de morte por lá agora. Por tentar assassinar Leonid Brejnev. Como assim *por quê*? Você não sabe da história? Para impedir o inverno nuclear. Para salvar os Estados Unidos. Dã."

Era de se pensar que eu ganharia créditos por saber quem era Leonid Brejnev. Era de se pensar que conseguiria algum bônus por ler sobre a política russa. Era de se pensar que alguém me agradeceria por ensinar a meus colegas de 10 anos sobre a Guerra Fria.

Joelhos. Igreja. Freiras. Terço.

Consigo recitar o terço dormindo. Eu já *recitei* o terço dormindo.

Inventar coisas foi o motivo disso. Inventar coisas é responsável por tudo — tudo o que já fiz, tudo o que sou, tudo o que tenho. Sem os contos, a ficção, as histórias que teci, é muito provável que neste momento, hoje, eu fosse uma bibliotecária muito calada de Ohio.

Em vez disso, os frutos da minha imaginação mudaram qualquer que fosse a espiral descendente que as freiras da escola esperavam que minha vida seguisse.

As coisas que inventei me levaram do pequeno quarto compartilhado com minha irmã, Sandie, no subúrbio de Chicago, ao quarto no dormitório de uma faculdade de elite nas colinas de New Hampshire e, mais tarde, me levaram a Hollywood.

Meu destino montou no dorso da minha imaginação.

As histórias pecaminosas que me valeram orações como penitência durante o recreio são as mesmas histórias que agora me permitem comprar uma garrafa de vinho e um bife no mercado sem me preocupar com o preço. Poder comprar vinho e bife e não pensar no preço é muito importante para mim. Isso era uma meta. Porque, quando eu era uma aluna pobre de pós-graduação na escola de cinema, geralmente não tinha dinheiro. E muito frequentemente precisava *escolher* entre vinho e coisas como papel higiênico. Bife nem mesmo entrava na lista.

Era vinho ou papel higiênico.

Vinho.

Ou.

Papel higiênico.

O papel higiênico nem sempre ganhava.

Por acaso vi você me lançar um olhar? Isso foi... você acabou de me *julgar*?

Não. Você *não* vai embarcar neste livro para me julgar.

Não é assim que vamos começar esta jornada. Vamos seguir devagar pela estrada. Estamos juntos neste livro, meu amigo. Então deixe que aquela que nunca escolheu o vinho atire a primeira pedra. Caso contrário...

Às vezes o papel higiênico não vence a disputa.

Às vezes uma mulher pobre precisa mais do vinho tinto.

Então você precisa me dar um desconto se eu não me arrependo do meu amor pela magia de um pouco de mentiras e invenção.

Porque eu ganho a vida inventando coisas.

Imaginar é meu trabalho agora. Escrevo roteiros para programas de televisão. Invento personagens. Crio universos inteiros em minha mente. Invento palavras nas conversas do dia a dia — talvez você se refira a sua *vajayjay* e conte a sua amiga que alguém do trabalho tomou um sermão no maior estilo *Pope* por causa dos meus programas. Eu dou à luz bebês, acabo com vidas. Danço para esquecer. Uso o chapéu branco. Opero. Luto. Exonero. Eu giro novelos, conto contos e sento em volta da lareira do acampamento.

Eu me envolvo com a ficção. Ficção é meu trabalho. Ficção é isso. Ficção é tudo. Ficção é meu pulsar.

Sim, sou uma mentirosa.

Mas agora, sou uma mentirosa *profissional.*

Grey's Anatomy foi meu primeiro trabalho de verdade na televisão. Ter um programa como meu primeiro trabalho de verdade na TV significava que eu não sabia nada sobre trabalhar na TV. Perguntei a todos os escritores de TV com quem esbarrei como era o emprego, como era estar no comando da temporada de uma série em uma emissora de televisão. Recebi uma porção de bons conselhos, e a maioria deles deixou claro que cada programa é uma experiência muito diferente, muito específica. Com uma exceção: todos os escritores que conheci comparavam escrever para a televisão a montar os trilhos para um trem que se aproxima com velocidade.

A trama é o trilho, e você precisa continuar montando, por causa do trem. O trem é a produção. Não importa o que aconteça, você continua escrevendo, continua montando os trilhos, porque o trem de uma produção está vindo em sua direção — não importa o que aconteça. A cada oito dias, a equipe precisa começar a preparar um novo episódio — encontrar locais, construir sets, desenhar figurinos, encontrar acessórios, planejar tomadas. E, a cada oito dias depois disso, a equipe precisa *filmar* um novo episódio. A cada oito dias. Oito dias para preparar. Oito dias para filmar. Oito dias, oito dias, oito dias, oito dias. Significa que a cada oito dias a equipe precisa de um roteiro novinho. E meu trabalho é fornecer um a ela, oras. A. Cada. Oito. Dias. Aquele trem da produção está vindo. A cada oito dias, é bom que a equipe naquele set tenha algo para filmar. Porque a pior coisa que se pode fazer é interromper ou descarrilar a produção e custar ao estúdio centenas de milhares de dólares enquanto todos a aguardam. É assim que se passa de um escritor de TV para um escritor de TV fracassado.

Por isso aprendi a montar os trilhos com rapidez. Talentosamente. Criativamente. E rápido como um relâmpago.

Adicione um pouco de ficção.

Preencha aqueles vãos com alguma história.

Pregue um pouco de imaginação naquelas bordas.

Eu sempre sinto o calor do trem atrás de minhas coxas, em meus calcanhares, nos ombros, nos cotovelos, em minhas costas, conforme ele ameaça me atropelar. Mas não recuo e deixo o vento frio acertar meu rosto conforme observo o trem passar acelerado. Eu jamais recuo. Não porque não possa. Porque não quero. Recuar não é meu trabalho. E, para mim, não há trabalho melhor na face da terra do que o meu. A adrenalina, a empolgação, o... eu chamo de *zum*. Tem um *zum* que acontece em minha mente quando chego a tal ritmo de escrita, é como quebrar a barreira do som. Quando montar os trilhos deixa de parecer que estou escalando uma montanha com as mãos e os joelhos e passa a parecer um voo sem esforço no ar, tudo dentro de mim simplesmente muda. Eu quebro a barreira da escrita. E a sensação de montar trilhos muda, se transforma, passa de esforço a exultação.

Fiquei boa nisso, em inventar coisas.

Eu poderia mentir nas Olimpíadas.

Mas tem outro problema.

Sou velha.

Não a velha do tipo que agita o punho e grita se você passar correndo pelo meu jardim. E não do tipo anciã enrugada e respeitada. Não sou velha por fora. Quer dizer, por fora eu estou *bem*.

Eu pareço *jovem*.

Não pareço velha, e provavelmente jamais vou parecer. Sério. Nunca vou envelhecer. Não porque eu seja uma vampira ou algo assim.

Nunca vou envelhecer porque sou filha da minha mãe.

A minha mãe? Ela é incrível. Na pior das hipóteses, em um dia ruim, ela parece uma jovem de 25 anos um pouco preocupada por ter exagerado na balada na noite anterior. É sério, a mulher está quase com... Ela não vai gostar se eu contar. Então vamos colocar da seguinte forma: minha mãe tem seis filhos, 17 netos e oito bisnetos. Quando a vejo, gosto de dizer que ela está "com tudo no lugar". Principalmente porque isso a assusta. Também porque a faz rir. Em grande parte porque todos sabemos que é verdade. Mas, secretamente, digo isso porque é como um alívio para mim: sei que aquele rosto me aguarda.

Sobre as mulheres da minha família: nós ganhamos na loteria genética.

Acha que estou brincando?

Não estou.

Quando envelhecer, vou entrar na fila junto com as mulheres da família de minha mãe e aproveitar os benefícios daquele bilhete vencedor. Porque não ganhamos apenas na loteria. Ganhamos o prêmio máximo, meu bem. Todos os números.

Minhas tias, minhas primas, minhas irmãs... você deveria nos ver, todas parecendo participantes de concurso de beleza infantil. Nós, mulheres, descendentes de minha avó Rosie Lee? Somos lindas demais. Nosso negro não enruga — *de verdade*. Como minha irmã Sandie e eu gostamos de lembrar uma à outra: "Sempre seremos as mulheres mais lindas do asilo."

E é isso que é tão agridoce e triste. Porque minha mente...

Minha mente. Ah, minha mente.

Minha mente é uma velha.

Velha de verdade.

Velha do tipo que só toma sopa.

Então, sim. Sim, eu serei uma das mais lindas residentes do Centro Sunset para Idosos que Não Querem Viver Como em *Grey Gardens*.

Mas, embora eu muito provavelmente seja uma beldade naquele baile de idosos, não vou sequer lembrar que um dia achei que ser linda em um asilo fosse algo divertido.

Eu posso ter ganhado a loteria genética por fora, mas por dentro...

Estamos escolhendo entre vinho e papel higiênico aqui, tudo bem?

Minha memória é uma porcaria.

É sutil. Talvez, se eu não passasse o dia inteiro precisando me expressar, precisando arrancar palavras da mente, jamais tivesse reparado. Mas eu passo. Então reparei. Talvez, se meu primeiro trabalho na TV não tivesse sido um programa de medicina, em que eu consultava um médico, desesperada e com certezas hipocondríacas de tumores e doenças sempre que eu espirrava, eu teria ignorado e atribuído o problema à falta de sono. Mas não foi. Não posso ignorar.

Esqueço nomes, troco detalhes de um evento por outro, uma história louca que tenho certeza de ter ouvido de um amigo foi, na verdade, contada por outro. O interior do meu cérebro é uma fotografia que desbota; histórias e imagens se dissipam para lugares desconhecidos, deixando trilhas vazias onde um nome, um evento ou um lugar deveriam estar.

Qualquer um que tenha assistido a *Grey's Anatomy* sabe que sou obcecada pela cura do mal de Alzheimer. Qualquer um que me conheça, mesmo vagamente, sabe que meu maior medo é desenvolver Alzheimer.

Tenho certeza absoluta de que sofro desse mal. *Tenho certeza* de que tenho Alzheimer. Tanta certeza, que levo minha porcaria de memória e minha hipocondria histérica ao médico.

Mas não tenho Alzheimer.

Não ainda.

(Obrigada, universo. Você é lindo e inteligente. Tão lindo e tão inteligente.)

Não tenho Alzheimer.

Só estou velha.

Um brinde à minha juventude.

O tempo simplesmente não é meu amigo. Minha memória, muito vagarosamente, é substituída por espaços vazios. Os detalhes de minha vida estão desaparecendo. As pinturas são roubadas das paredes do meu cérebro.

É exaustivo. E confuso. Às vezes engraçado. E muitas vezes triste.

Mas.

Meu emprego é inventar coisas. Tenho feito isso a vida toda.

Então.

Sem jamais ter me comprometido com um plano, sem jamais ter tentado ativamente, sem sequer perceber o que vai acontecer, a contadora de histórias dentro de mim dá um passo à frente e resolve o problema. Minha mentirosa interior salta e toma conta de minha mente, e começa a tecer os novelos. Começa simplesmente a... preencher os espaços vazios. A pintar por cima do nada. A completar as lacunas e ligar os pontos.

A montar os trilhos do trem.

O trem que está vindo, não importa o que aconteça.

Porque é esse o trabalho, meu bem.

É colocar ficção *nele*.

O que me lança um enigma.

Este livro não é ficção. Não é sobre personagens que inventei. Não acontece no Seattle Grace ou na Pope & Associates. É sobre mim. Acontece na realidade. Deveriam ser *apenas* os fatos.

O que significa que não posso florear. Não posso acrescentar um pouquinho aqui ou ali. Não posso colocar uma fitinha brilhante ou um punhado de purpurina nele. Não posso criar um final melhor ou colocar uma reviravolta mais emocionante. Não posso simplesmente mandar tudo ao inferno e escolher uma história boa, para mais tarde rezar um terço.

Não posso inventar coisas aqui. Preciso contar a verdade. Só tenho a verdade com que trabalhar. Mas é a *minha* verdade. E é aí que está o problema.

Você entende, não é?

Então. Essa é a minha retratação, imagino.

Cada palavra solitária deste livro é verdadeira?

Espero que sim.

Acho que sim.

Acredito que sim.

Mas como eu me lembraria se não fosse?

Sou velha.

Gosto de inventar coisas.

Tudo bem. É possível. Pode haver alguns trilhos aqui. Eu posso ter montado um trilho para o trem ao longo destas passagens. Não foi minha intenção. Eu não tentei fazer isso. Acho que não fiz. Mas é possível.

Só direi o seguinte: esta é a verdade de que me lembro. A verdade como a conheço. Tanto quanto uma velha mentirosa pode conhecer. Estou fazendo o melhor. Se não acertei cada detalhe, bem...

...mais uma vez, para quem não ouviu, pessoal:

Sou velha.

E gosto de mentir.

Prefácio

Nu frontal

Quando me sugeriram pela primeira vez que eu escrevesse sobre o último ano, meu instinto inicial foi dizer "não".

Escrever sobre mim é como se eu tivesse acabado de decidir subir em uma mesa de um restaurante muito chique, levantar o vestido e mostrar para todos que não estou usando calcinha.

Quer dizer, parece *chocante*.

Coloca em evidência as partes que costumo manter guardadas.

Partes íntimas.

Partes secretas.

Sabe, sou introvertida. Profundamente. Até os ossos. Minha medula é introvertida. Meu catarro é introvertido. Cada célula em meu corpo grita incessantemente comigo a cada palavra que digito, dizendo que escrever este livro é um ato antinatural.

Uma dama jamais expõe a alma fora de quatro paredes.

Mostrar a você um pouco de *mim* em nu frontal me deixa nervosa e inquieta, como se eu sentisse uma coceira em um lugar desagradável. Isso me faz respirar com muita dificuldade, de um modo esquisito, como um cachorro em pânico. É como se me fizesse rir de maneira descabida em público sempre que penso nas pessoas que estão lendo.

Escrever este livro me deixa desconfortável.

E essa, caro leitor, é a questão. É a coisa toda. Por isso estou escrevendo mesmo assim. Apesar da inquietude, das risadas e da respiração.

Estar confortável demais foi o que deu início a tudo isso, para começo de conversa.

Bem, estar confortável demais e ter escutado seis palavras estarrecedoras.

Além de "peru".

1

NÃO

— Você nunca diz "sim" para nada.

Seis palavras chocantes.

Esse é o início. Essa é a origem de tudo. Minha irmã Delorse pronunciou seis palavras chocantes e mudou tudo. Ela pronunciou seis palavras, e agora, enquanto escrevo isto, me tornei uma pessoa diferente.

— Você nunca diz "sim" para nada.

Ela nem mesmo *falou* as seis palavras chocantes. Ela as murmurou, na verdade, com os lábios mal se movendo, os olhos atentamente fixos na grande faca que segurava enquanto cortava vegetais em um ritmo frenético, tentando vencer o relógio.

simsim**sim**sim**sim**sim**sim**sim**sim**sim**sim**sim**sim**sim**sim**sim

Dia 28 de novembro de 2013.

Manhã do Dia de Ação de Graças. Obviamente, as expectativas são altas.

Ação de Graças e Natal sempre foram a especialidade de minha mãe. Ela domina os feriados familiares com perfeição impecável. Comida sempre deliciosa, flores sempre frescas, cores harmoniosas. Tudo perfeito.

No ano anterior, minha mãe anunciou que estava cansada de fazer todo o trabalho. Sim, ela fazia *parecer* fácil — isso não dignificava que *fosse* fácil. Então, ainda reinando suprema, ela declarou que estava abdicando o trono.

Agora, nessa manhã, é a primeira vez de Delorse usando a coroa.

Isso deixa minha irmã tensa e perigosa.

Ela sequer se incomoda em olhar para mim enquanto murmura as palavras. Não há tempo. Familiares e amigos famintos vão se aglomerar ao nosso redor em menos de três horas. Nem mesmo começamos a costurar o peru. Ou seja, a não ser que minha irmã possa me matar, me assar e me servir recheada com calda de groselha, não vou conseguir a atenção total dela agora.

— Você nunca diz "sim" para nada.

Delorse é a filha mais velha. Eu sou a mais nova. Doze anos nos separam; essa diferença de idade é preenchida por nossos irmãos e irmãs — Elnora, James, Tony e Sandie. Com tantos irmãos entre nós, quando éramos mais novas era fácil sentir como se existíssemos no mesmo sistema solar, mas jamais visitássemos o planeta uma da outra. Afinal de contas, Delorse estava indo para a faculdade quando eu estava começando o jardim de infância. Tenho vagas lembranças dela em minha infância — Delorse fazendo trancinhas muito apertadas em meu cabelo, o que me causava dor de cabeça; Delorse ensinando a meus irmãos e irmãs uma dança nova, chamada The Bump; Delorse casando, entrando na igreja com minha irmã Sandie, e eu atrás, segurando a cauda do vestido dela, nosso pai ao seu lado. Quando criança, Delorse foi o modelo da mulher bondosa, como eu deveria crescer e me tornar. Adulta, ela se tornou uma de minhas melhores amigas. A maioria das memórias importantes de minha vida adulta a incluem. Então imagino que seja apropriado que Delorse esteja aqui agora, murmurando as palavras para mim. É apropriado que no momento seja ela, tanto quem me diz quem devo ser quando crescer *quanto* quem está no centro do que se tornará uma das lembranças mais importantes de minha vida.

E esse momento é importante.

Delorse não sabe. Eu não sei. Não agora. Agora, esse momento não parece nada importante. Agora, estamos na manhã do Dia de Ação de Graças e ela está cansada.

Delorse acordou antes do sol nascer e me ligou, me lembrando de tirar o peru de dez quilos da geladeira, para ele ficar em temperatura ambiente. Então dirigiu os quatro quarteirões da casa dela até a minha, para cozinhar o nosso grande jantar em família. Ainda não são 11 da manhã, mas Delorse já está trabalhando há horas. Picando, mexendo, temperando. Está trabalhando muito mesmo.

Estou observando.

Não é tão ruim quanto parece.

Não estou sem fazer *nada*.

Não sou uma *inútil*.

Entreguei as coisas quando ela pediu. E também estou com minha filha de três meses presa ao meu peito em um *sling* e com minha filha de um ano e meio no colo. Penteei o cabelo de minha filha de 11 anos, desliguei a TV com o programa a que ela estava assistindo e enfiei um livro em suas mãos.

Estamos conversando. Minha irmã e eu. Estamos conversando. Colocando em dia tudo que perdemos desde, bem... desde ontem ou talvez o dia anterior.

OK. Certo. *Eu* estou falando.

Estou falando. Ela está cozinhando. Estou falando e falando e *falando*. Tenho muito para contar a ela. Estou listando todos os convites que recebi na última semana ou mais. Alguém quer que eu participe de uma conferência, e outro me convidou para uma festa chique, e me convidaram para viajar até tal país para conhecer o rei ou participar de um talk show. Listo dez ou onze convites que recebi. Conto sobre todos eles, em detalhes.

Admito agora mesmo que jogo alguns detalhes picantes a mais, torço alguns contos, monto alguns trilhos. Estou propositalmente me gabando um pouco — estou tentando conseguir alguma reação de minha irmã mais velha. Quero que ela se impressione. Quero que ache que sou legal.

Veja bem, fui criada em uma família grande. Meus pais e irmãos têm muitas qualidades maravilhosas. São universalmente lindos e inteligentes. E, como eu disse, todos parecem muito jovens. Mas os membros de minha família imediata têm, todos, uma falha criminosa e extremamente desagradável.

Eles não dão a mínima para o meu emprego.

Nada.

Nenhum deles.

Sequer um.

Todos ficam seriamente perturbados com qualquer um que possa se impressionar comigo. Por qualquer motivo. Pessoas se referindo a mim como se eu pudesse ser vagamente interessante os deixa profundamente espantados. Eles se entreolham, confusos, sempre que alguém me trata como qualquer coisa além do que eles acham que sou: a irmãzinha profundamente boboca, excessivamente faladeira.

Hollywood é um lugar bizarro. É fácil se distanciar da realidade aqui. Mas nada melhor para manter uma pessoa com os pés no chão do que um bando de irmãos que, quando alguém pede seu autógrafo, perguntam em um tom de voz verdadeiramente horrorizado: "Ela? O autógrafo da Shonda? Tem certeza? Shonda? Não, espere, sério, *Shonda?* Shonda RHIMES? *Por quê?*"

Isso é muito grosseiro. No entanto... penso em quantos egos inflados seriam salvos se todos tivessem cinco irmãos e irmãs mais velhos. Eles me amam. Muito. Mas não aturam qualquer porcaria de tratamento VIP dado à menina de óculos fundo de garrafa que anos atrás vomitou uma sopa de letrinhas na varanda e depois escorregou e caiu de cara no vômito.

E é por isso que, neste momento, estou sapateando verbalmente pelo cômodo, me agitando como se estivesse competindo por um troféu de dança de salão. Tento fazer com que minha irmã demonstre estar impressionada, preciso ver um lampejo de que ela talvez ache que sou remotamente legal. Tentar obter uma reação de algum familiar se tornou quase um jogo para mim. Um jogo que acredito que um dia *vencerei*.

Mas não hoje. Minha irmã nem mesmo se incomoda em piscar em minha direção. Em vez disso, impaciente, talvez cansada e provavelmente cheia do som de minha voz tagarelando sobre minha lista de convites chiques, ela me interrompe:

— Você vai fazer alguma dessas coisas?

Silêncio. Fico um pouco espantada.

— Hã? — É isso que digo. — Hã?

— Esses eventos. Essas festas, conferências, talk shows. Você disse "sim" para algum deles?

Fico de pé ali por um momento. Em silêncio. Confusa.

Do que ela está falando? Dizer "sim"?

— Bem. Não, quer dizer... não — gaguejo. — Não posso dizer... Obviamente eu disse que não. Quer dizer, estou ocupada.

Delorse mantém a cabeça baixa. Continua cortando.

Mais tarde, quando eu pensar a respeito, vou me dar conta de que ela provavelmente nem estava me ouvindo. Provavelmente estava pensando se tinha ou não queijo cheddar ralado o suficiente para o macarrão com queijo que precisaria fazer em seguida. Ou decidindo quantas tortas assar. Ou imaginando como se livraria de fazer o jantar de Ação de Graças no ano seguinte. Mas, no momento, não entendo isso. No momento, minha irmã mantendo a cabeça baixa SIGNIFICA algo. No momento, minha irmã mantendo a cabeça baixa significa algo importante.

Profundo.

Desafiador.

Grosseiro.

Preciso me defender. Como me defendo? O que eu...

Neste exato momento (e isso é tão fortuito que decido que o universo me *ama*), Beckett, o alegre bebê de três meses preso a meu peito, decide golfar um gêiser de leite que escorre pela frente da minha blusa em uma cachoeira morna e esquisita. Ao meu lado, a comportada filha de um ano e meio, que não desgruda de Beckett, franze o nariz.

— Estou sentindo um cheiro estranho, querida — diz ela para mim. Emerson chama todo mundo de "querida". Conforme assinto para ela e seco a mancha de leite morna e fedida, faço uma pausa. Observo a sujeira em meus braços.

E ali está minha defesa.

— Beckett! Emerson! Tenho bebês! *E* Harper! Tenho uma filha! Meninas são flores delicadas! Não posso simplesmente ir a lugares e fazer coisas!!! Tenho filhos para cuidar!

Grito isso do outro lado do balcão, na direção de minha irmã.

Espere. E por falar em cuidar de coisas... Também tenho que cuidar de uma coisinha chamada noites de quinta-feira. Rá! Faço uma dancinha da vitória e aponto para ela, gabando-me.

— Também tenho um emprego! Dois empregos! *Grey's Anatomy* E *Scandal*! Três filhas e dois empregos! Eu estou... ocupada! Sou mãe! Sou escritora! Comando programas de TV!

Bam!

Eu me sinto totalmente triunfante. Sou mãe. *Mãe*, droga. Tenho filhas. TRÊS filhas. E estou comandando dois programas de televisão ao mesmo tempo. Tenho mais de seiscentos membros na equipe que dependem de mim para trabalhar. Sou mãe e trabalho. Sou uma mãe trabalhadora.

Como... Beyoncé.

Sim.

Exatamente como Beyoncé.

Estou trazendo comida para casa E preparando comida na frigideira. Não é uma desculpa. É um fato. Ninguém pode argumentar contra isso. Ninguém pode discutir com Beyoncé.

Mas esqueci que essa é Delorse.

Delorse pode discutir com qualquer um.

Delorse solta a faca. Ela chega a parar de cozinhar e solta a faca. Ergue a cabeça e me encara. Minha irmã, a maior vencedora da loteria genética de nossa família, está na casa dos cinquenta anos. No fim da casa dos cinquenta anos. Os filhos dela são homens crescidos com diplomas e carreiras. Ela tem netos. No entanto, as pessoas costumam me perguntar se minha irmã de 57 anos é *minha filha*.

O horror disso às vezes é excessivo.

Quando ela ergue a cabeça para me olhar, parece mais uma audaciosa garota de 14 anos do que minha irmã mais velha. Seu rosto audacioso de 14 anos me encara.

— Shonda.

É tudo o que ela diz. Mas é dito com confiança...

Então disparo...

— Mãe *solteira.*

Agora, isso é uma sem-vergonhice. Você e eu sabemos. Porque, embora a definição técnica de "mãe solteira" se encaixe em "sou mãe e sou solteira", o significado coloquial e cultural não se encaixa. Tentar me apropriar desse termo como se eu fosse uma mãe com dificuldades, fazendo o melhor para colocar comida na mesa, faz de mim uma canalha. Eu sei disso. Você sabe disso. E, infelizmente... Delorse também sabe disso.

Preciso colocar um fim na conversa. Ergo uma sobrancelha e faço minha cara de mandona. Aquela que faço no escritório quando preciso que todos parem de discutir comigo.

Minha irmã não dá a mínima para minha cara de mandona. Mas ela pega a faca de novo e recomeça a cortar.

— Lave o aipo — diz ela.

Então, lavo o aipo. De alguma forma, o cheiro de aipo fresco, o movimento de lavar, a alegria de Emerson jogando a água sobre o balcão, tudo me embala em uma falsa sensação de segurança.

E por isso não estou preparada.

Eu me viro. Entrego a Delorse o aipo molhado e limpo. E fico surpresa quando, ainda cortando, Delorse começa a falar.

— Você é uma mãe solteira, mas não é uma *mãe solteira*. Eu moro a quatro quarteirões. Sandie mora a quatro quarteirões. Seus pais moram a quarenta minutos daqui e adorariam ficar com as crianças. Você tem literalmente a melhor babá do mundo. Tem três melhores amigas incríveis que se prontificariam para ajudar a qualquer momento. Está cercada por família e amigos que a amam, por pessoas que querem que seja feliz. Você é sua própria chefe, seu trabalho só é tão ocupado quanto você o fizer. Mas jamais faz outra coisa além de trabalhar. Jamais se diverte. Costumava *se divertir tanto.* Agora, todas essas oportunidades incríveis aparecem, oportunidades únicas na vida, e você não aproveita nenhuma delas. Por quê?

Eu me mexo, desconfortável. Por algum motivo, não estou gostando disso. Não estou gostando nada dessa conversa. Minha vida está bem. Minha vida é ótima. Quer dizer, olhe em volta!

Olhe!

Estou... feliz.

Um pouco.

Estou um pouco feliz.

Mais ou menos.

Cuide da própria vida, Delorse. Você é irritante, Delorse. As pessoas não deveriam ser como Benjamin Button, seu rosto é claramente o resultado de um pacto com o diabo, Delorse! Quer saber, Delorse? Você tem cheiro de cocô.

Mas não digo nada disso. Na verdade, fico de pé ali por um bom tempo. Observando Delorse cortar. E, por fim, respondo. Colocando a quantidade certa de arrogância casual na voz.

— Não importa.

Então me viro, esperando ter indicado que a conversa terminou. Vou até a sala de estar, onde coloco cuidadosamente Beckett, já dormindo, no cesto. Ponho Emerson no trocador para colocar uma fralda limpa. Em um momento, subirei e tentarei encontrar uma camisa sem golfadas para usar no jantar. A fralda já está trocada. Seguro Emerson pelo quadril, deito a cabeça dela em meu ombro e nos viramos para olhar minha irmã quando sigo para as escadas. É quando ela diz. As seis palavras.

Quando as murmura. Quase sussurrando.

Enquanto termina de cortar as cebolas.

Seis palavras chocantes.

— Você nunca diz "sim" para nada.

Por um único segundo, o tempo para. Ele se torna um momento claro e congelado que jamais esquecerei. Uma das pinturas que jamais será tirada de minha parede mental. Minha irmã, com um moletom marrom de capuz, os cabelos em um coque perfeito na altura da nuca, de pé ali com aquela faca na mão, a cabeça baixa, a pequena pilha de pedaços de cebola branca na tábua diante de si.

Delorse lança as palavras.

— Você nunca diz "sim" para nada.

Lança as palavras como se fossem uma granada.

Você nunca diz "sim" para nada.

Minha irmã afasta as cebolas e começa a cortar o aipo. Subo as escadas para trocar a blusa e amigos começam a chegar. O peru assa perfeitamente. O jantar está delicioso.

A granada fica caída ali, no meio de tudo. Silenciosa. Camuflada. Não penso nela.

Você nunca diz "sim" para nada.

O Dia de Ação de Graças chega e se vai.

2

Talvez?

A granada fica adormecida durante várias semanas.

Ela se revira em minha mente; o pino de segurança está preso no lugar. Tão silenciosamente discreta que consigo esquecer que está lá. Mantenho a rotina de sempre: vou trabalhar, escrevo roteiros, trabalho em episódios de TV, volto para casa, abraço meus bebês, leio histórias para dormir.

A vida segue normal.

Um único evento incomum acontece: pego um voo para Washington como nova conselheira do Kennedy Center. Participo das comemorações, fazendo minha primeira viagem à Casa Branca. E, por razões mágicas que até hoje ainda não entendo, sou informada de que me sentarei com o presidente e com a primeira-dama no camarote deles, no Prêmio Kennedy.

Não me perguntam. Avisam. Não tenho a chance de recusar. Principalmente porque tenho certeza de que não ocorre a ninguém que eu poderia recusar tal honra. Quem recusaria?

Uso um vestido de festa muito lindo, preto com pedrarias. Meu companheiro usa um smoking novo. Sentamos logo atrás do presidente e da Sra. Obama durante toda a cerimônia. Sou tímida e estou nervosa demais para balbuciar mais do que algumas palavras quando tenho a chance de falar de fato com o presidente e a primeira-dama. Eu certamente não componho frases. Mas aproveito. Eu me divirto.

Tomamos coquetéis no mesmo salão em que estão Carlos Santana e Shirley MacLaine. Conquistamos o respeito de poder dizer que estávamos lá quando Snoop Dogg agradeceu a Herbie Hancock por ter criado o hip-hop. Assistimos a Garth Brooks cantar "Goodnight Saigon", de Billy Joel, com um coral composto por veteranos de guerra. Incrível. A noite toda parece um pouco encantada. Não importa o quanto a alta cúpula acredite ser cínico ou o quanto os políticos possam parecer desinteressados, D.C. é uma cidade que não tem o real cinismo de Hollywood. As pessoas se animam mesmo com as coisas por lá, e o entusiasmo é contagioso. Pego o voo de volta para Los Angeles com uma alegre sensação de otimismo.

A granada explode sem aviso.

Acontece às 4 horas da manhã, alguns dias antes do Natal. Estou deitada de costas no meio da minha cama king size. Meus olhos se abrem contra minha vontade. Algo me fez acordar sobressaltada, me arrancou do sono.

Ser acordada abruptamente não é novidade.

Como qualquer mãe no planeta, assim que meu primeiro bebê chegou em casa, parei de dormir de verdade. A maternidade significa estar sempre um pouco acordada, sempre um pouco alerta. Um olho aberto. Então, ser acordada por algo no meio da noite não é surpreendente. Surpreendente é esse algo não ter nada a ver com uma criança furiosa de pé em um berço, gritando a plenos pulmões. A casa está silenciosa. Minhas meninas estão em sono profundo.

Então por que estou acordada?

Se tivessem me perguntado, eu teria dito "não".

Esse pensamento me faz sentar na cama.

O quê?

Se tivessem me perguntado, eu teria dito "não".

Meu rosto fica vermelho. Estou envergonhada, como se houvesse outra pessoa no quarto ouvindo as palavras em minha mente.

Se tivessem perguntado se eu queria me sentar no camarote presidencial durante o Prêmio Kennedy, eu teria dito "não".

É ridículo.

Mas é verdade. É claramente verdade.

Tenho tanta certeza disso quanto da necessidade de respirar. Eu teria dito "não", cautelosamente. Respeitosamente. Graciosamente. Teria inventado uma desculpa criativa, expressado tanto honra quanto arrependimento profundos. A desculpa teria sido boa, a desculpa teria sido *brilhante.*

Quer dizer, por favor.

Sou escritora. Eu teria sido eloquente e encantadora — ninguém consegue recusar um convite de forma tão bonita quanto eu. Vocês são todos amadores em se esquivar de algo; eu me esquivo tão bem de eventos que poderia fazer isso como profissão.

Assinto para mim mesma. Certamente. Não importa a maneira como eu teria lidado com isso, definitivamente eu teria dito "não". Esse é um fato inquestionável.

Se tivessem perguntado, eu teria dito "não".

Sério?

Levanto e saio da cama. O sono não tem chance agora. Isso requer pensamento. Requer vinho. No andar de baixo, me jogo no sofá e encaro as luzes da árvore de Natal. Taça de vinho na mão, bebo ao considerar a pergunta.

Por que eu teria dito "não"?

Mas sei a resposta. Eu sabia a resposta antes de sair da cama. Só queria o vinho.

Porque é assustador.

Eu teria recusado me sentar no camarote presidencial no Kennedy Center com o presidente e a primeira-dama, porque a ideia de dizer "sim" era assustadora para mim.

Eu teria recusado, porque, se dissesse "sim", teria de *fazer* mesmo. Teria de ir me sentar no camarote e ficar lá para conhecer o presidente e a primeira-dama. Precisaria jogar conversa fora e dizer coisas. Precisaria tomar drinques perto de Carlos Santana.

Precisaria fazer todas as coisas que eu, na verdade, *fiz* naquela noite.

E me diverti muito. No fim das contas, foi uma das noites mais memoráveis da minha vida.

Veja bem, sou conhecida por contar uma boa história.

O tipo de boa história contada no jantar que faz meus amigos rirem, que faz meu convidado acidentalmente cuspir o coquetel dele sobre a mesa. O tipo de boa história que faz com que todos me peçam para "contar aquela de novo". É meu superpoder: contar boas histórias. Histórias leves. Histórias engraçadas. Histórias épicas.

Posso tornar qualquer história boa. Posso pegar o pior dos contos e torná-lo emocionante. A questão é que contar uma boa história não significa mentir propositalmente. As melhores histórias são verdadeiras. Criar uma boa história apenas requer que eu... deixe as partes complicadas de fora.

As partes complicadas são aquelas em que eu, antes de sair para a Casa Branca, passo dez minutos me convencendo de que não tenho uma infecção estomacal, de que estou bem. São aquelas em que eu considero lamber o pozinho no fundo do frasco de Xanax porque, ah é, não *tomo* mais Xanax, faz 12 anos desde que o Xanax foi meu amigo. *Eca, esse pozinho de Xanax tem 12 anos?*

São aquelas em que eu durmo por 14 horas seguidas porque estou tão entorpecida pelo estresse que é dormir ou correr. E não estou falando de correr em uma esteira. Estou falando de fugir, de entrar em um carro, ir para o aeroporto, entrar em um avião e fugir.

Correr.

Esse parece um plano muito melhor do que sair em público com cada terminação nervosa de meu corpo gritando.

Essa sou eu.

Silêncio.

Quietude.

Interiorização.

Mais à vontade com livros do que com novas situações.

Feliz por morar dentro de minha imaginação.

Eu moro em minha mente desde criança. Minhas primeiras memórias são de me sentar no chão da despensa da cozinha. Ficava lá por horas na escuridão e no calor, brincando com um reino que eu havia criado com enlatados.

Eu não era uma criança infeliz. Porque eu era o bebê de uma família de oito. A qualquer momento havia alguém disponível para ler para mim, aplaudir qualquer que fosse a história que eu tivesse inventado ou me deixar ouvir os segredos adolescentes deles. O fim de todas as discussões de irmãos sobre o biscoito a mais ou o último pedaço de bolo era sempre um suspiro igualitário: "Dê para o bebê."

Eu era amada, era uma estrela, era a Blue Ivy do meu mundo. Não era uma criança infeliz.

Era apenas uma criança incomum.

Para minha sorte, meus pais levavam o incomum muito em consideração. Por isso, quando alguém queria brincar com as latas da despensa durante horas a fio, minha mãe não me dizia para parar de bagunçar a comida e ir brincar em outro lugar. Pelo contrário: ela declarava que era um sinal de criatividade, fechava a porta da despensa e me deixava em paz.

Você pode agradecer à minha mãe por meu amor pelo drama longo e seriado.

O mundo que criei dentro da despensa cheia de enlatados e de cereais era sério; atualmente, eu descreveria como um tipo de brincadeira solitária no estilo "o inverno se aproxima, onde estão os meus dragões?", mas não era HBO. Eram os subúrbios na década de 1970. Não precisávamos de reality, porque a TV era *real*. Nixon estava caindo. Conforme o escândalo de Watergate passava no minúsculo aparelho preto e branco que minha mãe arrastara para a cozinha e apoiara em uma cadeira perto das portas da despensa, minha imaginação de uma criança de 3 anos criava um mundo próprio. As grandes latas de inhame governavam as ervilhas e as vagens, enquanto os pequenos cidadãos da Terra do Molho de Tomate planejavam uma revolução destinada a derrubar o governo. Havia audiências, tentativas falhas de assassinato e renúncias. De vez em quando, minha mãe abria a porta da despensa, inundando meu mundo de luz. Ela educadamente me dizia que precisava de vegetais para o jantar. O judiciário enlatado sentenciava uma lata de milho à morte por traição, e eu entregava o culpado às mãos do carrasco.

Nossa, aquela despensa era divertida.

Está vendo o problema? Você *leu* o problema?

Nossa, aquela despensa era divertida.

Isso simplesmente saiu de minha boca. Eu realmente falei em voz alta ENQUANTO digitava. E falei sem qualquer ironia. Falei com um sorriso saudoso grande e boboca no rosto.

Tive uma infância incrível, mas vivia tão profundamente em minha imaginação que estava mais feliz e mais à vontade naquela despensa com os enlatados do que jamais estive com pessoas. Eu me sentia mais segura na despensa. Mais livre naquela despensa. Era verdadeiro quando eu tinha 3 anos.

E de alguma forma *ainda mais* verdadeiro aos 43.

Enquanto me sento no sofá e encaro os pisca-piscas de Natal, percebo que ainda estaria me divertindo na despensa se achasse que seria possível sair impune disso. Se eu não tivesse filhos que precisassem de mim para estar no mundo. Luto contra esse instinto todos os dias. Por isso, agora tenho um jardim para vegetais.

Se tivessem perguntado, eu teria dito "não".

Eu teria dito "não".

Porque sempre digo "não".

E é aí que a granada explode.

De repente, é Ação de Graças e estou de volta naquela cozinha, coberta de golfadas, observando minha irmã cortar aquelas cebolas. E eu a compreendo agora.

Você nunca diz "sim" para nada.

Não apenas a entendo — *acredito nela*. Ouço minha irmã. E sei. Ela está certa.

BUM.

Granada.

Quando a poeira baixa e tudo está claro, me resta um pensamento chacoalhando na cabeça.

Sou infeliz.

Isso me faz repousar a taça de vinho na mesa. Estou bêbada? Estou me *enganando*? Acabei de pensar isso?

Sinceramente, estou um pouco indignada comigo mesma. Estou envergonhada por sequer ter pensado isso. Estou envergonhada, se você quer saber. Estou banhada em vergonha.

Sou infeliz?

Ainda estou um pouco envergonhada por dizer isso a você agora.

Sou infeliz.

Quem diabos acho que sou?

Uma reclamona. É isso. Uma grande e velha reclamona.

Sabe quem poderia ser infeliz? Malala. Porque *alguém atirou no rosto dela*. Sabe quem mais? As alunas de Chibok. Porque o grupo terrorista Boko Haram as sequestrou de uma escola, levando as meninas para casamentos forçados (o que é como um casamento normal, exceto por ser exatamente o contrário e cheio de estupro) e *ninguém mais se importa*. Sabe quem mais? Anne Frank. Porque ela e cerca de outros seis milhões de judeus foram assassinados pelos nazistas. E... Madre Teresa. Porque todo mundo foi preguiçoso demais para tratar os leprosos, então ela precisou fazê-lo.

É bem vergonhoso que eu me sente aqui dizendo que sou infeliz quando não há uma bala em meu rosto, quando ninguém me sequestrou ou me matou ou me deixou sozinha para tratar de todos os leprosos.

Cresci em uma família na qual o trabalho árduo não era opcional. Meus pais trabalharam muito para criar e educar seis — eram *seis* — crianças. E, em algum momento, percebi que o motivo pelo qual tive uma infância tão boa e jamais me faltou alguma coisa foi meus pais trabalharem muito para que pudéssemos ter coisas impensáveis como comida, gasolina, roupas e contas quitadas. No ensino médio, consegui um emprego de garçonete na sorveteria Baskin-Robbins e desde então sempre trabalhei. Tenho consciência de que atualmente vivo uma realidade muito tranquila. Sei que sou extremamente sortuda. Sei que tenho filhas incríveis, uma família fantástica, amigos ótimos, um emprego espetacular, um lindo lar e todos os meus braços, minhas pernas, os dedos das mãos e dos pés e os órgãos intactos. Sei que não tenho o direito de reclamar. Não sobre minha vida em comparação à vida de qualquer outro. A não ser que esse qualquer outro seja a Beyoncé.

Droga, minha vida é tão ruim em comparação com a da Beyoncé. E a sua também. A vida de *todos* nós é muito ruim em comparação com a dela. Se você não concorda, se acha que a vida da Beyoncé é horrível por algum motivo, por favor, não venha até mim na rua para me corrigir. Preciso acreditar que a vida da Beyoncé é perfeita. Isso me faz seguir em frente.

Mas, à exceção da Beyoncé, sei o quanto sou sortuda. Não tenho ilusões de que estou sofrendo de maneira real, verdadeira. Então *realmente* me sinto envergonhada ao afirmar isso. Quer dizer, você não ouve a Malala reclamar.

Mas sabe por que você não ouve a Malala reclamar?

Porque a Malala e as colegas espirituais dela, Madre Teresa e Anne Frank, são pessoas MUITO melhores do que eu. Obviamente. Porque sou claramente um grande bebê chorão e sou uma idiota. Porque naquele pré-alvorecer, encarando os pisca-piscas de Natal, embora eu sinta vergonha, não consigo evitar. A percepção é como mergulhar em um lago congelado:

Sou infeliz.

Admitir isso me deixa sem fôlego. Sinto como se estivesse revelando uma nova informação para mim mesma. Descobrindo um segredo que venho escondendo de mim mesma.

Sou infeliz.

Verdadeira e profundamente infeliz.

Em dezembro de 2013, eu era incrivelmente bem-sucedida. Tinha dois programas de televisão de imensa popularidade no ar — *Grey's Anatomy* e *Scandal* — e acabara de encerrar um terceiro, *Private Practice*. Minha empresa, Shondaland, estava trabalhando com Peter Nowalk para desenvolver um programa que em breve se tornaria nosso mais novo sucesso, *How to Get Away with Murder*. Então, sim, por fora, acho que tudo provavelmente parecia ótimo. Contanto que eu estivesse escrevendo, contanto que meus dedos estivessem no teclado, contanto que eu estivesse no Seattle Grace ou na Pope & Associates, contanto que eu estivesse montando trilhos e ouvindo o *zum* na mente... eu estava bem. Eu estava feliz.

Sei que certamente tentava projetar a ideia de que a vida era perfeita. E tentava não pensar muito nisso.

Ia trabalhar. Trabalhava muito. Voltava para casa. Passava um tempo com minhas filhas. Passava um tempo com o cara com quem eu estava saindo. Dormia.

Era isso.

Em público, eu sorria. Muito. Eu dava MUITOS sorrisos. E fazia o que chamava de "Conversa de Atleta". Conversa de Atleta é o que acontece em todas aquelas entrevistas que passam na TV logo depois de qualquer prova esportiva profissional. Uma luta de boxe ou um jogo da NBA. Serena Williams quebrando algum recorde de tênis. Natação olímpica.

Uma boa Conversa de Atleta é quando o atleta está diante da imprensa e mantém um sorriso no rosto, a voz tranquila e agradável, conforme habilidosamente rebate uma pergunta após a outra do repórter — sem jamais fazer qualquer declaração polêmica ou substancial. Minha Conversa de Atleta preferida é a de Michael Jordan. Ele ficava lá depois de fazer 5.635 pontos em um jogo, com suor escorrendo da cabeça, tão alto acima de algum repórter minúsculo: "Estou feliz por jogar o jogo que é o basquete", dizia ele, sorrindo.

Mas, Michael, o que você acha da fome, da política, do basquete feminino, dos desenhos animados, das cuecas Hanes, de tacos, de qualquer coisa?

"Estou muito feliz por fazer o que posso pelo clube. Os Bulls são meu lar", respondia ele, rindo agradavelmente, e saía andando.

Possivelmente para o vestiário, onde deixava de ser bom na Conversa de Atleta e começava a ser uma PESSOA.

Eu fui boa em Conversa de Atleta naquele ano.

"Estou muito feliz por trabalhar para a ABC."

"Não é meu trabalho questionar meu horário no ar. Meu trabalho é fazer os programas."

"Tenho orgulho de fazer parte da equipe ABC."

"Estou muito feliz por fazer o que posso para a emissora. A ABC é o meu lar."

"Estou feliz por jogar o jogo que é o basque... quer dizer, por escrever para a televisão."

E era verdade. Eu estava feliz, orgulhosa e animada. Gostava mesmo da ABC. (Ainda gosto. Oi, ABC!) Assim como tenho certeza de que Michael gostava mesmo dos Bulls. Mas aquela Conversa de Atleta não tinha nada a ver com gostar do meu emprego.

Tinha a ver com ficar dentro da despensa.

Manter aquela porta fechada. Ouvir Nixon do lado de fora. Estender apenas um braço para fora, em direção ao feixe de luz, para entregar ervilhas ou milho ou inhame. Dar ao povo o que ele queria, e assim fechar aquela porta de novo.

Qualquer parte verdadeira de mim, qualquer coisa real, qualquer coisa humana, qualquer coisa honesta, eu guardava para mim. Era uma boa menina. Fazia o que todos precisavam que eu fizesse.

No fim de cada dia, como recompensa, eu me servia de uma taça de vinho.

Vinho tinto era a alegria em Shondaland.

simsim**sim**simsim**sim**simsim**sim**simsim**sim**simsim**sim**simsim

Eu costumava ser uma pessoa muito feliz. Uma pessoa *entusiasmada*. Posso ter sido tímida e introvertida, mas tinha um grupo animado e divertido de amigos, alguns dos quais conheço desde a faculdade. Com eles ao meu redor, era a Shonda que dançava sobre as mesas, que dirigia até Nova Orleans por impulso, aventureira e sempre disposta a tudo. Para onde ela foi?

Eu não conseguia explicar minha infelicidade. Pela primeira vez, a contadora de histórias não tinha o que contar. Eu não fazia ideia de *por que* estava infeliz, nenhum momento ou motivo específicos para os quais apontar. Apenas sabia que era verdade.

O que quer que fosse aquela faísca que torna cada um de nós vivos e únicos... a minha tinha se apagado. Roubada, como quadros na parede. A chama tremeluzente, responsável por me acender por dentro, por me fazer brilhar e me manter aquecida... Minha vela tinha sido soprada. Eu estava fechada. Estava cansada. Estava com medo. Pequena. Silenciosa.

As vidas de minhas personagens tinham se tornado inimaginavelmente imensas. Pessoas do mundo inteiro conheciam Meredith e Olivia. Ao mesmo tempo, minha vida estava tão desprovida de cor e entusiasmo que eu mal conseguia vê-la.

Por quê?

Você nunca diz "sim" para nada.

Ah, é. Isso.

Coloquei a taça de vinho na mesa e deitei no sofá. E realmente pensei naquelas seis palavras.

Você nunca diz "sim" para nada.

Talvez estivesse na hora de começar a dizer "sim".

Talvez.

3

Hã, sim...?

Dia 13 de janeiro é meu aniversário.

Ebaaa.

Adoro aniversários.

Porque adoro festas de aniversário.

Quando foi que descobri que havia algo chamado Festa de Filhotes? Nesse tipo de festa as pessoas levam FILHOTES para as crianças segurarem e acariciarem por uma hora. Não é prejudicial para os filhotes; é bom para eles, porque estão sendo treinados para se tornarem cães de serviços. Eu quase perdi a cabeça de tanto pular. Filhotes! Uma festa com filhotes! *POR FAVOR*! Isso existe?

Gosto de festas de filhotes e pintura faciais e mesas de doces e daquele cara com um violão que canta músicas bobas e de sorvete e até mesmo de alguns (muito poucos, não assustadores) palhaços. E, se você passou da idade em que balões de gás hélio e pintura de rosto o deixam tão animado e/ou apavorado a ponto de urinar nas calças, eu ainda gosto de festas com dança e festas à fantasia e jantares e festas disco dos anos 1970. Acredito piamente que festas deixam tudo melhor.

Era de se pensar que uma pessoa tímida odiasse festas de aniversário. Mas eu amo. Festas pequenas e grandes. Não exatamente *amo* ir a elas, mas amo a magia delas. Amo a *ideia* delas. Amo abraçar as quinas das paredes e observar a diversão. Amo estar com amigos.

Mas, e hoje? E esse aniversário?

Saio do banho e me aproximo bem do espelho do banheiro. Tão perto que consigo enxergar todos os meus poros. Olho com raiva para o meu rosto.

— Quer dizer que você saiu de um útero há muito tempo. Grande coisa — sussurro. — *Todo mundo* no planeta fez o mesmo. O que mais você tem?

Então penso em voltar para a cama.

De verdade. Eu costumava *adorar* meu aniversário. Eu adoro. Mas hoje, estou nervosa. Ansiosa. Sinto-me dormente e esquisita. Como se todos estivessem me olhando. Estou inquieta. Há uma pontada estranha em meu estômago.

É a mesma sensação que eu tinha quando acordava de ressaca aos 20 anos. Ficava deitada na cama, esperando que o colchão parasse de girar. Imaginando POR QUE achei que sete drinques poderiam ser uma boa ideia. Sentindo a mesma pontada esquisita na barriga. No estômago. E esperava, com cada sinapse alerta — *estamos em alerta total, soldado, isso não é um treinamento* — que a onda de lembrança me tomasse. Que se derramasse em minha mente como uma cascata de vergonha, conforme me lembrava das coisas loucas que tinha feito na noite anterior.

Eu dormi com QUEM?

Chorei ONDE?

Cantei QUAL música?

Nessa manhã de aniversário, essa é a sensação. Uma manhã de ressaca. Exceto que não houve toda a diversão dos drinques.

Prometi a mim mesma que faria O QUÊ?

No andar de baixo, usando um chapéu de aniversário feito pelas crianças, como bolo no café da manhã. Devoro quase todo o bolo sozinha. E não me sinto mal por isso. O bolo significa tudo para mim. Quero ter um filho com esse bolo. Saboreio cada mordida. Sou como uma detenta no corredor da morte comendo a última refeição.

Em uma mensagem de texto para uma de minhas amigas mais próximas naquele dia, escrevo o seguinte:

"Vou dizer 'sim' a tudo e a qualquer coisa que me apavore. Durante um ano inteiro. Ou até que eu morra de medo e você precise me enterrar. Ugh."

Minha amiga responde:

"*Minha nossa.*"

Não estou entusiasmada. Mas estou determinada. Minha lógica é extremamente simples. É a seguinte:

- Dizer "não" me trouxe até aqui.
- Aqui é uma droga.
- Dizer "sim" pode ser o caminho para algum lugar melhor.
- Se não for o caminho para um lugar melhor, será ao menos para um lugar diferente.

Não tive escolha. Não *quis* escolha. Depois que vi a infelicidade, senti a infelicidade, reconheci e a nomeei... bem, simplesmente saber dela me causa comichões. Como uma comichão dentro do cérebro. Continuar recusando as coisas não me levaria a lugar algum. E ficar parada não era uma opção. A comichão era demais. Além disso, sou uma pessoa que, ao ver um problema, *precisa* resolvê-lo.

Antes que você comece a me aplaudir (e, sinceramente, não vejo como seria possível a esta altura — mas só para garantir), quero ser clara: sei que eu disse que sou o tipo de pessoa que ao ver um problema precisa resolvê-lo. Mas não quero dizer de uma forma "heróica, Rosa Parks se recusa a ceder o assento no ônibus". Quero dizer de uma forma triste, controladora, estilo "as cascas do pão de forma devem ser cortadas da mesma exata medida milimétrica todas as vezes". Ou seja, não sou tranquila com essas coisas.

Não fui feita desse jeito.

Não é assim que qualquer pessoa obsessiva, viciada em trabalho e controladora foi feita.

Obviamente.

Sou uma pessoa que faz.

Eu faço.

Então. Quando digo que vou fazer algo, eu faço. Quando digo que vou fazer algo, faço *de verdade*. Eu me atiro à tarefa e *faço*. Faço até me *esfolar*. Vou até a linha de chegada. Não importa o que aconteça.

Não.

Importa.

O.

Que.

Aconteça.

Isso tudo é agravado pelo fato de eu ser competitiva. Não competitiva como pessoas normais. Não a competitiva amigável. Competitiva no estilo assustadora e psicótica. Nunca me dê uma bola de vôlei. Não me chame para um jogo de cartas divertido. Jamais ouvi falar de uma rodada casual de Scrabble. Começamos um concurso de bolos em *Grey's Anatomy* e precisei me retirar da competição. Talvez tenha sido um pouco como assédio moral no trabalho, pois forcei minha equipe de roteiristas a fazer bolos em uma competição, uns contra os outros. E talvez também não tenha sido muito bom quando eu fiz uma dancinha da vitória, durante a entrega de medalhas, enquanto gritava "NA CARA DE VOCÊS, VADIAS!!!!" para quem quer que tenha ficado atrás de mim.

Como eu disse, sou competitiva.

Não sou convidada para jogos na casa de *ninguém*.

Olha. Sou uma pessoa que mergulha de cabeça.

Eu mergulho. *Eu mergulho até o fim*. Eu mergulho tão fundo que às vezes acabo afogada.

Ora, não sou a dona das quintas à noite por *acaso*.

Digo isso para que você entenda o quanto essa coisa do Ano do Sim era importante para mim. Essa coisa do Ano do Sim era gigante. A promessa do Ano do Sim era um compromisso. Um contrato entre mim e minha maior adversária e juíza — eu mesma. Desistir significaria meses de autoflagelação e baixa autoestima. Eu falaria de mim como um *cachorro*. As coisas ficariam feias.

E também, sinceramente?

Eu estava tão... desesperada.

Algo tinha de mudar. Precisava mudar. Porque não podia ser só aquilo.

Ter tudo.

A sensação de ter tudo não podia ser aquela. Podia? Porque, se fosse, se foi para *aquilo* que eu tinha gastado tanto tempo e energia trabalhando, se era aquela a cara da terra prometida, se aquela era a sensação do sucesso, aquilo por que sacrifiquei...

Nem mesmo queria considerar a ideia. Então não consideraria. Eu não pensaria nisso. Em vez disso, olharia para a frente, respiraria fundo e apenas... acreditaria. Acreditaria que a estrada seguia adiante. Acreditaria que haveria mais.

Eu acreditaria e diria "sim".

Eu disse isso a mim mesma. Comi aquele bolo inteiro e bebi quatro mimosas enquanto tentava acreditar.

simsimsimsimsimsimsimsimsimsimsimsimsimsimsimsim

Uma semana depois, o telefone toca no meu escritório na Shondaland. É o reitor Hanlon, da Dartmouth College. Reitores não costumam me telefonar. Eu havia encontrado o reitor Hanlon, um homem muito legal, precisamente uma vez. No entanto, ali está ele, reitor Hanlon, de Dartmouth, na linha. Me ligando. Ele tem uma pergunta. Quer saber se eu poderia fazer o discurso de abertura na formatura da faculdade, em junho.

Um discurso de vinte minutos. Diante de cerca de dez mil pessoas.

Ummm.

Universo?

Você está de brincadeira comigo?

Durante um minuto inteiro naquela ligação, o ar não entra nem sai de meus pulmões. O reitor Hanlon pode ou não estar falando. Eu não tenho como saber, porque o rugido em meus ouvidos torna impossível que eu escute.

Dizer "sim" a tudo durante um ano.

É isso. Está acontecendo. E, agora que chegou, dizer "sim" deixa de ser apenas uma vaga ideia. Agora, a realidade daquilo em que estou embarcando faz meu cérebro latejar dentro do crânio.

Dizer "sim"?

Não há como planejar. Não há como me esconder. Não há como controlar isso. Não se vou dizer "sim" a tudo.

Sim a tudo que é assustador.

Sim a tudo que me tira da zona de conforto.

Sim a tudo que parece loucura.

Sim a tudo que parece deslocado.

Sim a tudo que parece idiota.

Sim a tudo.

Tudo.

Dizer "sim".

Sim.

Fale. Fale AGORA.

— Sim — digo. — Sim.

O reitor Hanlon e eu conversamos mais um pouco. Acho que é agradável. Acho que estou calma. Realmente não faço ideia. Estou concentrada em inspirar e expirar. Em abaixar o volume do rugido que faço. Quando desligo o telefone, avalio o que fiz.

Discurso. De abertura. Dez mil pessoas.

Insiro os dados no meu calendário.

Dia 8 de junho de 2014.

Junho.

Isso é em cerca de seis meses. Seis meses é bastante tempo. Seis meses é uma *vida*.

Tudo bem. Dou de ombros e volto a fazer minhas anotações de roteiro para *Grey's Anatomy*.

Estou aliviada. Não é nada demais. Pensarei nisso mais tarde.

Arquivo no fundo da mente e esqueço. Esqueço durante *cinco meses e meio*. Você pode achar que isso é ruim, considerando o discurso gigante que preciso escrever. Mas, na verdade, isso se revela uma sorte. Pelo visto tenho outros obstáculos.

O discurso de abertura em Dartmouth é tecnicamente meu primeiro "sim".

Mas... sendo sincera?

O discurso de abertura em Dartmouth é a primeira coisa para a qual digo "sim". Mas não é o primeiro "sim" que preciso efetivamente FAZER.

Esse é um "sim" diferente. E o que seria esse "sim"? Ele se revelou algo muito mais assustador.

Olá, Jimmy Kimmel.

4

Sim para o sol

— Eles querem você no *Kimmel.*

Meu assessor de imprensa, Chris Dilorio, fala comigo.

Sim, tenho um assessor de imprensa. Ter um assessor de imprensa parece o tipo de coisa que diz "estou na capa da *Vogue*". O tipo de coisa que você tem se é brilhante, como Jennifer Lawrence, ou se para o trânsito toda vez que se move, como Lupita Nyong'o.

Enquanto escrevo isto, meu cabelo está arrepiado, porque faz alguns dias desde que o penteei, e estou usando um pijama cuja parte de cima não combina com a parte de baixo. Nem mesmo são do mesmo tecido. A parte de baixo é de seda, a de cima é de lã com elastano. Tem um buraco no joelho da calça. Olá, *Vogue*, tenho um assessor de imprensa.

Assim que o contratei, disse a ele e à equipe que meu principal motivo para ter um assessor de imprensa era para que eu jamais precisasse fazer qualquer publicidade. Todos acharam que fosse uma piada. Mas eu não estava brincando.

Considerando que todos ao meu redor sabem que sou esquisita, introvertida e que me sinto visivelmente desconfortável quando conheço gente nova, seria meio óbvio achar que eu entraria em pânico ao pensar em ficar de pé em um palco, conversando com o público, em ser fotografada por uma horda de fotógrafos, em estar na TV, em fazer aparições em público de qualquer tipo.

Você entenderia que essas provavelmente não são minhas atividades preferidas, certo? Você não entenderia, gentil leitor?

É porque você não trabalha em Hollywood.

Em Hollywood, presume-se que uma pessoa ficaria animada por ter um holofote brilhando na cara dela enquanto se senta em uma privada, ao vivo na TV.

Estou brincando, não? Não, ainda não estou brincando.

Sério. Acho que, se tivessem a oportunidade, muita gente faria FILA para isso. Muita gente faria fila para uma seleção de elenco que dissesse "PESSOA NA PRIVADA".

Por quê? POR QUÊ?

Pela exposição. Pela necessidade de *aprovação.*

"Eu poderia ter minha própria linha de privadas, nunca se sabe", diriam as pessoas, e se sentariam direto naquele trono de porcelana.

Quando eu me encontrar com você, vamos dar as mãos e chorar pela humanidade, combinado?

A assustadora existência de "sentadores" voluntários de privada em público nesta cidade é o motivo pelo qual meu assessor de imprensa, Chris, fica sinceramente confuso quando digo que jamais quero qualquer propaganda. Ele me diz que vou mudar de ideia.

Nas palavras da melhor cantora do mundo, Whitney Houston, no melhor reality show que já existiu, *Being Bobby Brown*: "O inferno que não."

Mesmo se eu *fosse* Beyoncé, mesmo se eu acordasse *daquele jeito,* ainda preferiria ficar escondida. Ainda iria querer escrever roteiros em paz no meu cantinho, onde ninguém pudesse me ver. Eu *nunca* quero ninguém me olhando. Quando me olham, fico nervosa.

Quando a ABC requer que eu faça eventos promocionais, costumo me sentir (e, infelizmente, parecer) como a mãe do Bambi, logo antes de o caçador atirar nela. A cabeça inclinada para o alto, as orelhas empinadas, os olhos arregalados, toda espantada...

Não é uma aparência atraente.

Em Dartmouth, atuei em algumas peças para um grupo de teatro estudantil chamado Buta (Black Underground Theatre Association). Eu gostava. Meio que me divertia. Era até ligeiramente decente. Recebi elogios. Mas não era eu. Jamais precisei pisar diante de um público sendo Shonda Rhimes. Minhas palavras e meus pensamentos não eram necessários. Eu apenas dizia o que Ntozake Shange ou George C. Wolfe ou Shakespeare me mandavam dizer. Ninguém estava olhando para *mim*. Eles estavam olhando através de mim, para os escritores. Jamais senti que eu era visível no palco.

Naquela época, eu me divertia diante de uma plateia. Mas agora? Não importava o local ou o veículo. Agora, sempre parecia tortura. E estação após estação, o TCA era um método especial de tortura.

Duas vezes por ano, todos os canais de televisão a cabo e aberta promovem um evento de uma semana para críticos de TV chamado, muito simplesmente, de TCA. É a chance de os críticos conversarem com atores, produtores e diretores. Mais vezes do que consigo contar, a ABC solicitou minha presença em um painel do TCA.

No palco, participando de um painel do TCA, eu sei que sempre me saí bem. Na verdade, eu parecia severa — como um acadêmico emburrado. Já vi todas as fotos. Estou com a testa franzida, imóvel. Na verdade, fico espantada com a habilidade que meu rosto tem em não trair minha confusão interna. O medo extremo parecia congelar meu rosto, me transformando em uma estátua para me proteger no palco.

Mas, antes disso, todas as vezes, antes de eu chegar ao palco... havia resmungos, havia suor, havia tremedeira. Havia o maquiador encarregado de recolocar o rímel que tinha escorrido de meu rosto depois dos silenciosos trinta segundos de choro requeridos para acalmar minha histeria crescente. Havia executivos da ABC que se reuniam em volta para falar palavras encorajadoras conforme eu caminhava de um lado para o outro, com as órbitas dos olhos se movendo de medo. E havia a exótica garrafa de vinho tinto, sempre entregue a mim pelo presidente da emissora, que era dono de um vinhedo. Porque eu nunca, *jamais*, falava em público sem ter bebido duas taças de vinho. O betabloqueador da natureza.

Não estou dizendo que era certo.

Estou dizendo que *funcionava*.

Minha única boa lembrança de estar sentada naquele palco do TCA foi do ano em que o criador de *Desperate Housewives*, Marc Cherry, muito bondosamente teve pena de mim durante um painel de produtores. Conforme uma tempestade de questionamentos sobre uma atriz infeliz era lançada contra mim, ele interrompeu, respondendo e rebatendo as piores perguntas com uma porção de piadas incríveis. Vinte minutos antes, alguém — não lembro quem — precisou arrancar meus dedos da maçaneta do carro para me levar para dentro. Eu não estava resistindo. Simplesmente tinha sido congelada pelo medo e não conseguia me mover.

Eu era um ataque de pânico ambulante. Meu medo de palco era tão completo e sobrepujante que dominava todas as minhas aparições em público. Discursos de aceitação de prêmios, entrevistas, talk shows... Oprah.

Oprah.

Fui entrevistada pela Oprah três vezes.

Eis o que me lembro de ser entrevistada pela Oprah.

Uma luz branca incandescente atrás de meus olhos. Uma dormência estranha nos braços e nas pernas. Um zumbido agudo na cabeça.

Então, não me lembro de... nada.

NADA.

Sou do subúrbio de Chicago. *Cresci* com Oprah. Assistia ao *The Oprah Winfrey Show* quando ele ainda se chamava *AM Chicago*. Comprava tudo que ela nos mandava comprar e lia todos os livros que ela nos mandava ler. Tomava nota de cada palavra de sabedoria que Oprah compartilhava conosco pela televisão. Fui batizada na igreja católica, mas era da igreja da Oprah. Se você vive neste planeta, sabe do que estou falando. Todos sabem. É a OPRAH.

Ser entrevistada pela Oprah não foi pouca coisa para mim.

O que me lembro sobre esses preciosos momentos passados com ela?

Nada.

A entrevista para a revista *O*? Nada.

A entrevista do programa da Oprah com o elenco de *Grey's Anatomy?* Nadica.

A entrevista do *Oprah's Next Chapter* com Kerry Washington? Nem uma coisinha.

Tenho lembranças vívidas dos momentos logo *antes* dessas entrevistas. Naquela primeira vez, a figurinista de *Grey's*, Mimi Melgaard, alisou minha saia e me girou, certificando-se de que eu estava bem. Ela assentiu em aprovação e apontou o dedo firme para mim.

— Não se mexa até ver a Oprah.

Ela não precisava me dizer aquilo.

Eu não poderia ter me movido, mesmo que quisesse. Fiquei à porta do escritório, balançando o corpo bem de leve para trás e para a frente. Meus pés já doíam com o primeiro par de sapatos Manolo Blahnik.

Minha mente estava tão vazia quanto a de um pintinho.

Senti uma camada de suor percorrer meu corpo. *Suor.* Roboticamente, comecei a erguer e abaixar os braços, tentando evitar que imensas manchas circulares aparecessem nas axilas e estragassem todo o trabalho primoroso de Mimi.

Levanta e abaixa, levanta e abaixa, levanta e abaixa...

Abanando. Eu estava abanando os braços.

Agora eu parecia um pintinho.

Não importava. O terror crescente que percorria meu corpo ficava cada vez maior, me levando a algum lugar tão além do medo que eu quase me senti... serena. Era como ouvir um som tão agudo que seus tímpanos param de conseguir processar o som e ele se torna silêncio. Meu medo histérico estava tão alto que virou silêncio.

O pintinho estava perdendo a cabeça.

Observei enquanto o utilitário preto da Oprah, com o motor roncando, se aproximou do estacionamento do estúdio. Observei o utilitário preto da Oprah se dirigir ao estacionamento VIP.

Observei enquanto primeiro uma mulher, depois uma segunda saíram do carro. A primeira mulher era tão reconhecível, tão familiar que foi necessário ver apenas a pontinha de seu pé tocar o chão para saber que era a Oprah. Mas a segunda mulher... Ainda abanando meus braços suados, encarei. Não conseguia identificar a segunda mulher. Quem era?

Então parei de abanar os braços.

Gayle, percebeu meu cérebro. *Aquela é Gayle. Doce Mãe da Televisão, estou vendo Oprah E Gayle.*

E essa é a última coisa de que me lembro antes de o vazio do terror roubar toda a diversão de mim.

— Como foi? — Minhas irmãs Sandie e Delorse me interrogaram incansavelmente ao telefone mais tarde naquela noite. A ÚNICA vez que consegui impressionar minhas irmãs. A única vez, e...

Eu. Não. Sei.

Não foi isso que eu disse.

Não aprendeu nada sobre mim desde que começou este livro? Não, você aprendeu. Você me conhece. Você *sabe.*

Sou velha. E gosto de mentir.

Fiz o que sempre faço. Depois que a Oprah voltou para o utilitário e saiu, eu passei horas caminhando, perguntando tudo, casualmente, a qualquer um que tivesse testemunhado ao menos um segundo da gravação. Pedindo que recontassem o que tinham visto. Era um mecanismo para lidar com a situação que sempre deu certo para mim. Eu tomava cuidado. Porque, quando se sai por aí pedindo às pessoas que contem a você sobre você mesma, você parece um pouco idiota.

"Ei, me conte o que eu falei. Como eu me saí? Eu fui engraçada? Fui interessante? Conte mais sobre minha conversa com Oprah. Foi boa?"

É um método para que as pessoas saibam que você está nervosa e tem medo de palco. Elas demonstram empatia por isso. Mas como admitir para as pessoas que você não se lembra da maior entrevista da sua carreira? É algo esquisito. Sabe o que as pessoas diriam em relação a isso? Vou contar. As pessoas dizem:

Drogas.

Por isso achei melhor ficar de boca fechada.

Foi pior com a Oprah. Minha admiração e meu medo se fundiram em algum tipo de bola de fogo de terror, de modo que os quadros não tivessem apenas sido roubados das paredes do meu cérebro, mas queimados até virarem uma pilha de cinzas. Para nunca mais serem recuperados.

Com todas as outras pessoas, eu tinha uma chance. Uma pequena chance. Mas até certo ponto, todas as entrevistas eram assustadoras. Cada talk show era um borrão. Cada entrevista prosseguia da mesma forma. Ralo abaixo.

simsim**sim**sim**sim**sim**sim**sim**sim**sim**sim**sim**sim**sim**sim**sim

Eu já havia sido chamada para participar do *Kimmel* antes.

Faz sentido que Jimmy Kimmel queira que pessoas de meus programas apareçam no programa dele. Por causa da audiência. Meus programas TGIT (é assim que a ABC promove meus programas de quinta-feira à noite — "Graças a Deus é quinta-feira") têm boa audiência. Boa audiência é bom para todos. Eis o motivo: minha boa audiência significa que, quando atores que estrelam meus programas são convidados para o *Jimmy Kimmel Live* (também da ABC), é ótimo para a audiência de Jimmy também. O que é ótimo para nós é ótimo para Jimmy.

Por isso se chama *sinergia*. Sei disso porque as pessoas me dizem muito essa palavra. E me dão olhares significativos.

"Sinergia". Olhar significativo. Assinto e sorrio, mas... cá entre nós? Acho que *sinergia* parece a palavra que se usa para definir as calorias que duas pessoas queimam durante o sexo.

Pense nisso.

Sinergia.

Enfim.

Na verdade, Jimmy, que é uma pessoa verdadeiramente engraçada, um cara muito legal e um ótimo apresentador de talk show, não gosta de nós apenas pela audiência. Ele gosta de verdade de nossos programas. *Acho* que gosta, de todo modo. Jimmy definitivamente gosta do elenco de nossos programas. Este ano, ele parece particularmente adorar o elenco de *Scandal*. O que é bom, pois o elenco de *Scandal* também adora Jimmy, e gosta de estar no programa dele.

Assim, toda quinta-feira, atrizes como Kerry Washington e Katie Lowes se arrumam e fazem uma visita a Jimmy e à plateia do estúdio dele. Elas voltam e me contam histórias. Contam como é divertido estar no programa de Jimmy. Contam sobre as esquetes que fazem. As peças que pregam. As piadas que contam. Soa divertido. E quando assisto a tudo em *Jimmy Kimmel Live*, na televisão, tarde da noite, PARECE divertido.

Uhul para todos!

Mas, por algum motivo, Jimmy agora quer algo mais. Por algum motivo, ele quer que eu seja convidada no programa dele.

Jimmy gosta dessa ideia.

A ABC gosta dessa ideia.

Meu assessor de imprensa gosta dessa ideia.

Eu não gosto dessa ideia.

Ninguém se importa.

Ninguém *acredita* em mim.

Quem não quer estar na TV?

Rápido, gente, sentem na privada e ação!

Este ano, o pessoal de Jimmy (todo programa tem "pessoal" — o de Kimmel é extraordinariamente gentil) perguntou algumas vezes se eu aceitaria ser uma convidada no programa dele.

— Querem você no *Kimmel*.

Meu assessor de imprensa, Chris, está falando comigo. Estamos ao telefone. O que é uma sorte para mim, por causa do tempo de encarceramento que se segue à agressão física.

— Você quer dizer — digo, contendo-me — *Jimmy Kimmel LIVE*?

— Ã-hã. — Ele parece distraído. Casual. Mas sabe.

Sabe como eu me sinto com relação a aparecer na mídia. Sabe como me sinto em relação a ser entrevistada. Sabe como me sinto em relação a ser entrevistada na TV. E sabe muito bem como me sinto em relação a TV *ao vivo*.

Sabe o que acontece na TV ao vivo?

O peito de Janet Jackson no Superbowl aconteceu na TV ao vivo. Adele Dazeem aconteceu na TV ao vivo. O presidente Al Gore aconteceu na TV ao vivo.

Sabe o que mais acontece na TV ao vivo?

Shonda caminha para cumprimentar Jimmy e, em vez de caminhar como uma pessoa *normal*, tropeça nos próprios pés, cai e abre a cabeça na quina da mesa de Jimmy, o que faz com que o fluido cerebroespinhal escorra enquanto ela cai e se contorce no chão, com o vestido embolado na altura da cintura, revelando para um público nacional a cinta modeladora dupla.

Shonda, sob as luzes quentes do estúdio e completamente dominada pelo nervosismo, suando tão profusamente que tsunamis de água escorrem pelo rosto de uma maneira horrível, mas fascinante, como um acidente de carro do qual ninguém consegue tirar os olhos, até que, por fim, desidratada pela perda de água, simplesmente acaba com o sofrimento ao desmaiar e cair no chão, diante da mesa de Jimmy.

Shonda fazendo o que eu fiz na festa de candidatos à Universidade da Pensilvânia, quando a anfitriã velha e rechonchuda disse:

— Não vou tagarelar *búfalos* a respeito de nossa universidade...

O que eu fiz? Cercada por um bando de jovens de escolas preparatórias, com cabelos loiros e roupas perfeitas, eu caí em uma gargalhada ruidosa e incontrolável. (Nem preciso dizer que não estudei na Universidade da Pensilvânia. Não ria. Eu fui aprovada, mas não poderia frequentar. Um daqueles jovens ricos e loiros me veria no campus e contaria a todos sobre a gargalhada ruidosa e incontrolável.) Faço isso quando estou nervosa. Então imagine como é quando estou *extremamente* nervosa. Ao vivo. Com Jimmy.

Shonda caindo na gargalhada ruidosa e incontrolável com a primeiríssima piada de Jimmy. Gargalhando e roncando cada vez mais e mais e mais alto, uma gargalhada que NÃO PODE SER INTERROMPIDA, que não tem *chance* de ser interrompida, apesar do absurdo de rir histericamente diante de Jimmy e da plateia no estúdio de Jimmy, um fato que a faz gritar de rir, mais e mais alto, com mais e mais força — até que venham os soluços.

Uma pessoa pode morrer de soluços. De verdade. Sou uma falsa médica que escreve medicina falsa para a TV. Então sei essas coisas. E estou dizendo, nós matamos a madrasta de Meredith com soluços e isso poderia acontecer comigo. Eu poderia rir até ter soluços e morrer de soluços. Eu poderia MORRER na TV ao vivo. Literalmente morrer. Quer que eu faça isso com Jimmy? Quer que eu transforme Jimmy no cara que matou uma convidada? Acho que não.

Sabe o que mais você não quer ver?

Shonda disparando espontaneamente um catarro de medo do rosto.

Catarro de medo.

Já diz tudo.

Todas essas coisas poderiam acontecer se eu aparecesse ao vivo na TV. Essas são todas coisas *nada* boas. Essas são coisas ruins. Coisas ruiiiiiiiiins.

Vocês acham que estou exagerando. Ou tentando ser engraçada.

Catarro de medo parece engraçado para você? Feche os olhos e imagine isso disparando do seu rosto diante de 12 milhões de pessoas. Não é engraçado. Não é nada engraçado.

Tudo bem, jamais tive catarro de medo. Mas sou o tipo de pessoa que TERIA catarro de medo. Aconteceria comigo. Simplesmente porque seria assustador. É assim que o universo gosta de me tratar, de me ensinar uma lição, de me manter na linha. Sou a garota que rasga a calça e não repara. Sou a mulher que se esquece de tirar a etiqueta de preço do vestido e sai andando com ela pendurada às costas para que todos possam ver, durante um jantar, não apenas o quanto gastei, mas também QUAL É O MEU TAMANHO. Sou aquela que derrama líquidos. Que tropeça. Que deixa cair. Certa vez eu acidentalmente arremessei pelo salão um osso de galinha em um coquetel muito elegante enquanto tentava concluir uma conversa.

Você ouviu?

ARREMESSEI UM OSSO DE GALINHA PELO SALÃO EM UM COQUETEL.

Enquanto todos olhavam para o osso de galinha no tapete branco, fingi que a culpa não era minha. História verdadeira.

Você não pode me levar a lugar algum.

Certamente não pode me levar a algum lugar e me filmar ao vivo diante de milhões de pessoas. Porque se haverá catarro de medo, EU O TEREI.

E Chris sabe disso. Ele sabe o que poderia acontecer na TV ao vivo. Ele sabe como me sinto em relação à TV ao vivo.

Apenas não se importa.

Ele não tem tempo para o catarro de medo.

Está tentando me ajudar a construir uma carreira.

Contra a minha vontade.

Ao longo dos anos, sempre que a equipe do Kimmel me convida para participar do *Jimmy Kimmel Live*, eu digo que não.

E não.

E não.

Não digo à equipe do Kimmel que estou recusando porque TV ao vivo é um campo minado. Não conto que estou recusando porque tenho medo de acidentalmente mostrar o peito para Jimmy, *à la* Janet Jackson. Ou de mijar no sofá dele como um cãozinho animado. Ou de cair de cara antes de sequer chegar ao sofá. Ou de morrer. Não digo nada sobre nada disso.

Porque sou uma dama, oras.

Simplesmente digo que não.

A equipe do Kimmel é tão legal. Quando os encontro nos eventos da ABC, eles sorriem para mim enquanto olho para eles com meu rosto de estátua e as órbitas dos olhos agitadas.

Então arrasto os pés até a mesa do bufê para compensar o estresse com comida.

Tenho quase certeza de que o pessoal superlegal do Jimmy acha que sou uma canalha. Para meu assessor de imprensa, não sou uma canalha, mas um pé no saco. Sou como a bola de Sísifo, que ele rola colina acima há anos. E, mesmo assim, ele ainda acredita. Ainda tem esperanças.

Ele mantém a esperança *viva*.

Chris gosta de polêmicas, e nós dois sabemos que não posso simplesmente recusá-las. Querem fazer um *especial* de *uma hora* de *Scandal*. Na noite do *episódio final*. *A ABC está animada*. E é um momento delicado para a ABC e para mim agora. Preciso jogar em equipe. Se eu disser que não, não trabalho bem em equipe. Toda aquela Conversa de Atleta terá sido em vão.

Sabe, estou no meio das negociações para meu próximo contrato.

Entende o que estou dizendo?

A Conversa de Atleta precisa SIGNIFICAR algo.

Estamos ao telefone. Estou em silêncio. Espero que ele pegue a deixa, desligue, ligue para a ABC e diga que estou com peste bubônica. Poderia acontecer. Eu poderia pegar a peste. Sinto que está vindo agora mesmo.

Chris não desliga. Ele nunca desliga.

Ele também está em silêncio.

Está me esperando. É uma competição da qual participamos com frequência. Por fim, como sempre, falo primeiro.

— Não quero aparecer na televisão. Jamais — lembro-o. — Nunca. Jamais. Por qualquer motivo. Ninguém precisa me ver. Por que alguém precisaria me ver quando poderia ver Kerry Washington?

Acredito profundamente nisso. Você já viu Kerry Washington? Kerry Washington é extraordinária.

— Kerry Washington acabou de ter um bebê — lembra Chris.

Certo. Kerry está muito merecidamente tirando uma licença necessária para se conectar com o novo bebê; de mãe para mãe, tenho empatia por ela. Droga.

— Tony, então! Ou Bellamy! Bellamy é incrível!

Começo a gritar nomes de atores de *Scandal*. Chris respira fundo. Ele lista todos os motivos pelos quais eu deveria estar na televisão. Esses motivos não fazem sentido para mim. Chris poderia muito bem estar falando alemão. Porque não entendo alemão. Ou aquela língua khoisan bem legal da Namíbia, que parece apenas uma série de cliques.

— Não entendo nada do que você está falando! — grito. — Por que eu gostaria de ser *mais* reconhecível? É o exato oposto do que quero ser!! Faça isso desaparecer!

Chris agora está provavelmente refletindo se seria mais prazeroso fazer um terno com a minha pele ou simplesmente jogar os pedaços picadinhos de meu cadáver no oceano.

Talvez ele esteja apenas pensando em me aleijar, ao estilo *Misery: louca obsessão*, de Stephen King.

Eu não o culparia. Lutaria contra ele, mas não culparia. Quer dizer, estou gritando com Chris. Estou, de fato, gritando com ele, com uma voz histérica. O medo está tomando conta. Estou perdendo a cabeça. Consigo *sentir* que estou perdendo, e parte de mim também quer me aleijar. Porque, cara: quando você se tornar uma pessoa com qualquer tipo de poder, não se torne uma pessoa que grita. Mesmo que seja por medo histérico.

As coisas que se podem fazer quando se está na base da pirâmide mudam conforme você sobe. No topo daquela pirâmide, fazer muitas das mesmas coisas que você fazia antes torna você um canalha. Estou sendo uma canalha. Uma canalha muito assustada e muito tímida.

Chris fica em silêncio por um momento muito, muito longo.

Ele vai colocar minha cabeça em uma caixa, como aquele cara fez com a namorada de Brad Pitt em *Seven*. Eu sei disso. Não quero minha cabeça em uma caixa. Minha cabeça não vai ficar bonita em uma caixa. Ouço nervosamente o silêncio.

Mas quando Chris fala, a voz dele tem o tom calmo do poder e do triunfo.

Ele vai vencer. E sabe disso.

Eis o motivo:

— Shonda — diz Chris —, achei que estivesse dizendo "sim" para tudo. Ou aquilo foi apenas conversa fiada?

Droga.

Xeque-mate.

Talvez eu possa colocar a cabeça *dele* em uma caixa.

simsim**sim**sim**sim**sim**sim**sim**sim**sim**sim**sim**sim**sim**sim**sim

Achei que dizer "SIM" daria uma sensação boa. Achei que seria libertador. Como Julie Andrews, girando no topo daquela montanha, no início de *A noviça rebelde*. Como Angela Bassett, quando ela é Tina Turner e sai da sessão do divórcio com Ike com nada além do nome, no filme *Tina*. Como você se sente quando termina de assar brownies, mas ainda não colocou um na boca, e isso vai iniciar a montanha-russa de açúcar que só vai acabar depois que você estiver enroscada no sofá, se balançando de um lado para o outro enquanto raspa as migalhas da forma de brownie vazia e tenta se convencer de que talvez o ex-namorado em quem deu um pé na bunda não fosse tão ruim assim.

Desse jeito.

Esse "*SIM*" não parece um brownie recém-assado e pré-comido.

Eu me sinto forçada a isso. Sinto como se não tivesse escolha. A obrigação com a emissora, e a obrigação com o meu Ano do Sim idiota me encurralaram.

Minha pata está presa em uma armadilha. Posso tentar mastigar a pata, arrancá-la e fugir. Mas acha que estou reclamando agora? Experimente quando eu tiver perdido uma pata e precisar lidar com um coto ensanguentado e mastigado.

As lágrimas.

O drama.

Os choros e os resmungos.

A cruz na qual eu me pregaria seria tão linda e iluminada. Ah, minha cruz não passaria despercebida por ninguém! Seria possível ver minha cruz do espaço.

O medo entorpecente começa a se acumular dentro de mim. Essa será uma experiência terrível. Vai me engolir viva. Meu olho esquerdo começa a estremecer. Digo a mim mesma que não tem problema, porque está estremecendo apenas de um modo que sei ser minúsculo, imperceptível. Ninguém consegue perceber que está tremendo, exceto eu.

"Uau, seu olho está tremendo muito", informa Joan Rater, redatora-chefe de *Grey's Anatomy*, com bastante autoridade. Toda a equipe de roteiro se reúne ao meu redor para observar o olho saltando em minha cabeça.

"Querida", minha filha, Emerson, segura meu rosto com as mãos e me informa com seriedade, "seu olho está quebrado. Está destruído, querida."

Isso não vai ser legal.

Não é assim que o "*SIM*" deve parecer.

Se é, vai ser o ano mais longo de minha vida.

No fim da mesma semana, estou sentada com a equipe no estúdio de *Grey's Anatomy*. Mal-humorada como nunca. Não basta que meu olho ainda esteja tremendo loucamente. É a decima temporada. Sandra Oh vai deixar o programa. Conforme nos aproximamos do episódio final dela, cada cena com Sandra começa a parecer mais e mais especial. Todos sabemos que um talento raro em breve nos deixará. Fui ao set de filmagens para o ensaio de uma cena importante.

Para ajudar a fechar a história de Christina, Isaiah Washington voltou para nos prestar a honra e o favor de entrar em cirurgia como Preston Burke. No momento, nessa cena, Preston diz a Christina que dará a ela seu hospital — como Willy Wonka dando a Fábrica de Chocolate. É o maior momento do programa para Christina, o ápice de dez temporadas de crescimento da personagem. Christina está cara a cara com o homem que ela quase se destruiu ao amar. Certa vez, Christina se perdeu na órbita de Burke, girando ao redor dele, precisando desesperadamente do sol dele. Ela se diminuiu para acomodar a grandeza de Burke. Agora ela o superou. E Burke presta seu respeito. Ele foi reconhecer Christina. A Fábrica de Chocolate é dela, se ela quiser.

Uma das *Twisted Sisters* receberá seu final de conto de fadas: é oferecido a Christina o que ela merece, ela é reconhecida por seu brilhantismo e é recompensada com a realização de seus sonhos. Pode não ser o final de conto de fadas de que outra pessoa gostaria, ou do qual gostaria *para* ela, mas Christina não dá a mínima. Sinceramente, nem eu. Christina merece a felicidade.

Essa é a cara da felicidade para uma mulher genial.

Observo Sandra Oh contar toda uma história conforme ela, brilhantemente, confere nuances ao momento em que Christina percebe que Burke lhe entrega as chaves do reino. E percebo por que a jornada de Christina pode terminar, por que está na hora de deixar essa personagem ir embora e ficar feliz por ela.

Christina aprendeu o que precisava aprender. A caixa de ferramentas dela está cheia. Ela conseguiu não abrir mão dos pedaços de si mesma, os pedaços dos quais precisa para ser o que outra pessoa quer. Aprendeu a não abrir mão. Aprendeu a não se acomodar. Aprendeu, por mais difícil que seja, a ser o próprio sol.

Se ao menos a vida real fosse tão simples.

Mas meu olho para de tremer.

Pego o telefone e ligo para Chris.

— Peito de Janet Jackson — digo a ele. — Catarro de medo. Osso de galinha.

Um longo silêncio cai enquanto Chris talvez se preocupe com o fato de eu ter tido um derrame.

— Hã?

— Não pode ser ao vivo. Vou ao *Jimmy Kimmel*. Mas não pode ser ao vivo — digo, com firmeza.

Consigo ouvir Chris inspirando e expirando. Ele vai comer meu rim e meu fígado, acompanhados de um vinho fino.

— Deixa eu ver se entendi — diz Chris, contendo-se — Você vai ao *Jimmy Kimmel LIVE*. Contanto que não tenha a parte do LIVE?

Ele diz isso como se estivesse falando com uma pessoa louca. E talvez esteja.

Mas acabei de assistir a Christina Yang ganhar sua Fábrica de Chocolate. Estou me sentindo forte. Não vou abrir mão. Não preciso me acomodar.

— Exatamente — digo a ele.

Se eu precisar estar na TV, se precisar fazer alguma coisa tão assustadora quanto *Kimmel*, faremos do meu jeito ou não faremos.

Viu, estou com todos os meus pedaços.

Não quero brownies.

Não quero toda uma porcaria de Fábrica de Chocolate.

"SIM" deveria ser como o sol.

simsim**sim**sim**sim**sim**sim**sim**sim**sim**sim**sim**sim**sim**sim**sim

Não faço ideia de como aconteceu ou que conversa aconteceu ou que bebê ele precisou roubar ou que favor agora devo a qual estranho ou para qual senhor de guerra estou prometida.

Não sei. E não me importo.

Chris conseguiu.

O homem fez chover.

E foi assim que, na semana antes de o episódio final da temporada de *Scandal* ir ao ar, eu me vi sentada no set de filmagens da Pope & Associates, com Jimmy Kimmel filmando um especial de uma hora, *não* ao vivo, chamado *Jimmy Kimmel Live: Por trás do escândalo*.

Jimmy foi incrivelmente legal comigo. Ele me contou histórias engraçadas e me perguntou sobre minhas filhas enquanto esperávamos que a câmera filmasse. Antes de cada tomada, ele pacientemente me contava o que aconteceria a seguir e então me contava exatamente o mesmo *de novo*, como se soubesse que eu tinha o cérebro de uma cidadã idosa bastante senil que só conseguia se lembrar de duas ou três palavras por vez. Ele ficava me perguntando se eu estava bem. E, se ele tiver achado estranho que eu tenha me tornado um bloco de madeira sólida, que não andava nem caminhava ao mesmo tempo enquanto a câmera filmava, pelo menos não disse nada. Jimmy simplesmente deu um jeito para que eu não precisasse andar e falar ao mesmo tempo. Na verdade, ele deu um jeito para que eu mal precisasse falar. Sério. Procure na internet. Assista. O que estou fazendo?

1. Sorrindo.
2. Tentando com muito afinco não olhar diretamente para a câmera.
3. Rindo das piadas de Jimmy.
4. Segurando uma taça muito grande enquanto Scott Foley me serve vinho.
5. Olhando diretamente para a câmera, embora me tivessem dito para não fazê-lo MUITO.
6. Rindo mais um pouco das piadas de Jimmy.

Jimmy fez todo o trabalho. Não precisei fazer nada. Mesmo assim, ele fez PARECER que eu havia feito coisas. Todos acharam que eu havia feito todo tipo de coisas. Ele executou todo o trabalho, e eu recebi todo o crédito.

Como quando um bebê faz cocô.

Todo mundo se reúne em volta do bebê. Mas quem é que limpa o cocô? *Não* é o bebê, posso dizer isso. Mas ninguém está se reunindo em volta da pessoa que carrega aquela fralda fedorenta até o lixo.

Acho que acabei de me comparar a um bebê cagão. Mas você entendeu. Jimmy fez coisas incríveis para que eu parecesse bem.

Como Jimmy faz o programa dele o tempo todo e é sempre incrível, todos apenas assentiram e sorriram para ele. E, como havia uma chance muito grande de haver catarro de medo e osso de galinha ao meu redor, fui ovacionada de pé por todos que conheço.

Recebi ligações. Recebi e-mails. Recebi tuítes e mensagens no Facebook e todas as outras coisas de mídias sociais que as pessoas recebem.

No dia seguinte, também recebi a maior entrega de rosas vermelhas da minha vida.

DA VIDA.

Grande do tipo "para o cavalo que venceu a corrida Kentucky Derby".

Elas chegaram em um vaso prateado gigante. Um vaso tão grande e tão pesado que foram necessários três homens para carregá-lo para dentro da casa. Minha filha Harper tentou contar as rosas vermelhas, mas perdeu o interesse depois de 98.

As dezenas e dezenas de rosas vermelhas eram de Jimmy.

Ele não estava me pedindo em casamento.

A audiência tinha saído. *Jimmy Kimmel Live* venceu *The Tonight Show Starring Jimmy Fallon* pela primeira vez na história com aquele episódio.

Foi o mais legal.

Kimmel venceu Fallon. Isso significava que Kimmel estava certo em continuar me pedindo para aparecer no programa. E Chris estava certo em me forçar a fazer isso. E acho que eu estava certa em pedir que fosse gravado, porque não sei se os resultados teriam sido os mesmos se eu não tivesse conseguido aparecer na televisão ao vivo por causa de uma crise no cantinho do camarim.

Mas nada disso importava para mim. Não de verdade. Quer dizer, eu fiquei grata por Jimmy estar feliz. Fiquei grata por não ter estragado o programa dele. Mas, por mais incrível que tudo pudesse ter sido, eu só conseguia pensar em uma coisa:

Consegui.

Eu disse "sim" a algo que me apavorava. E então eu o fiz.

E não morri.

Há uma abertura na porta da despensa. Um feixe de luz entra. Consigo sentir um pouco de sol quente no rosto.

Caminho até Chris.

— Obrigada — murmuro.

— Como? Não ouvi.

— OBRIGADA.

Chris sorri. Triunfante.

Ele me escutou da primeira vez. Você sabe que ele me escutou. Eu sei que ele me escutou. SABEMOS que ele escutou. Mas não me importo.

Catarro de medo. Osso de galinha. Adele Dazeem.

E daí? *Aconteceu*. Eu consegui.

E não perdi nenhum pedaço.

O "SIM" parece mesmo o sol.

Talvez eu esteja construindo minha própria Fábrica de Chocolate.

5

Sim a dizer toda a verdade

No início de 2014, sou convidada a participar de uma pequena e particular rede on-line para mulheres. Rapidamente isso se torna um bote salva-vidas para mim. A rede é repleta de mulheres inteligentes que fazem coisas interessantes, e fico ansiosa pelas trocas de mensagens. Conversas fascinantes vão e vêm o dia todo por e-mail. Nova no grupo, fico na minha, de boca fechada. Sou uma observadora, uma ouvinte. Vago pelos cantos virtuais. Raramente considero sequer me juntar à conversa.

Em 29 de maio, cerca de uma semana e meia antes de eu precisar subir ao pódio de Dartmouth para fazer o discurso de abertura — aquele, de vinte a trinta minutos para um público que agora se estima ser de 16 mil pessoas —, escrevo o seguinte e-mail ao grupo:

DE: Shonda
PARA: O Grupo
ASSUNTO: Minha Morte

Então, acontecerá em breve. Meu discurso de abertura. E (chocante!) não escrevi uma palavra. Estou totalmente paralisada. O momento paralisante aconteceu quando eu estava escovando os dentes e ouvindo a rádio NPR e alguém lá (alguém que amo e admiro) falou que um dos discursos que mais estava ansioso para debater era... o meu.

Sem pressão. Sem pressão nenhuma.

Aparentemente, agora, esses discursos são filmados e transmitidos on-line e carregados e tuitados e dissecados, e a NPR tem uma página INTEIRA dedicada a dissecá-los.

As pessoas não desmaiam quando fazem esses discursos, certo? Isso ainda não aconteceu?

Viu o que eu disse ali?

Eu disse que não tinha escrito uma palavra.

E é verdade. A menos de duas semanas do discurso.

Eu não escrevi uma palavra.

SEQUER UMA PALAVRA.

Perambulo sentindo um terror incandescente queimar toda a criatividade de meu cérebro. Os fogos do fracasso estão crepitando ao redor, queimando qualquer ideia que eu possa ter tido.

É um apocalipse da escrita na minha imaginação.

Fico deitada no chão do escritório. Bebo vinho tinto. Como pipoca. Abraço minhas filhas. Eu me preparo para o fim dos dias.

Cada e-mail de trabalho que escrevo naqueles dez dias antes do discurso diz basicamente a mesma coisa: *Por que está me perguntando o que está me perguntando? Não sabe que estou prestes a morrer de humilhação e medo enquanto dou um discurso? Permita-me esse tempo para me despedir da família!*

Fico incompreensível. Irracional. Paro de falar em voz alta. Em vez disso, faço ruídos.

"Grmmph", digo para minha assistente, Abby, quando ela me pergunta se eu gostaria de participar de certa reunião.

"Bllummppth", murmuro para os escritores, quando eles perguntam se eu tenho ideias para alguma história.

As mulheres em minha rede on-line me mandam palavras de apoio. Conselhos. Elas me lembram de fazer a pose do poder.

"Faça a pose do poder, como a Mulher-Maravilha!"

A pose do poder da Mulher-Maravilha é quando você fica de pé como se fosse valentona — pernas afastadas, queixo erguido, mãos nos quadris. Como se fosse a dona da situação. Como se tivesse braceletes mágicos de prata e soubesse usá-los. Como se sua capa de super-heroína estivesse oscilando ao vento, atrás de você.

Não sou apenas uma nerd dizendo para você fingir ser a Mulher--Maravilha.

É sério.

As mulheres da rede on-line me dizem para fazer a pose do poder como a Mulher-Maravilha e citam estudos reais cujos resultados afirmam que fazer a pose do poder durante cinco minutos não apenas melhora a autoestima, mas, mesmo horas depois, melhora a sua imagem perante os outros.

Deixe-me repetir.

Ficar de pé como a Mulher-Maravilha de manhã pode fazer as pessoas acharem que você é mais incrível na hora do almoço.

Loucura. Mas é verdade.

(Não acredita em mim? Assista à palestra do TED.)

Começo a fazer a pose do poder sempre que entro em um elevador. Ela ocasiona alguns momentos constrangedores enquanto sigo para cima e para baixo com estranhos. Mas eu me mantenho firme. Aceito qualquer ajuda que puder receber.

Mais sabedoria chega. Uma das mulheres escreve esta útil pérola: ela quer que eu me lembre de que o pior que pode acontecer comigo é eu me cagar no palco. Contanto que isso não aconteça, ela instrui, ficarei bem.

Surpreendentemente, essa informação sobre cagar nas calças faz com que eu me sinta melhor. Mais calma. Porque cagar nas calças não é algo que eu faço. Minha certeza nesse quesito torna possível que eu durma à noite. Também me permite começar a escrever pequenas partes do discurso, o que faço em pedacinhos de papel que perco o tempo todo. Passo para o aplicativo de notas do meu celular.

Mas, mesmo que o discurso esteja tomando forma, não tenho certeza de que ele seja bom. E não tenho tempo para pensar nisso. Acabei de terminar de produzir 42 episódios de séries para a televisão. É o menor número de episódios que já produzi em qualquer momento para qualquer temporada de televisão — mesmo assim, estou cansada até os ossos. *Private Practice* deu adeus na temporada anterior, então perdi um programa. Mas acrescentei uma filha. Uma FILHA. Uma pessoa de verdade, um minúsculo humano. Ainda bem que Kerry Washington também acrescentou uma, e agradeço aos céus pela dádiva de haver apenas 18 episódios de *Scandal* nesta temporada. Não conto para ninguém, mas não tenho certeza se conseguiria lidar com mais. Cuidar de três crianças, dormir, trabalhar, escrever e tentar fazer tudo direito tem acabado comigo. Àquela altura, em junho, eu estava me sentindo muito mal com meu Boletim da Mamãe.

O Boletim da Mamãe é algo que guardo na mente. Nele, há uma escala de zero a dez, que são notas distribuídas por uma juíza maldosa imaginária que se parece muito comigo. Os zeros chegam ao boletim quando eu fracasso: quando perco um recital por estar viajando, quando esqueço de fornecer o lanche na pré-escola, quando não vamos a uma festa de aniversário porque a introvertida aqui simplesmente não consegue encarar a grandiosidade de toda a interação social.

Ouço falar sobre as tais das Guerras das Mães. Os debates estão quentes: qual é o melhor estilo de educação, o que faz uma mãe ser ruim, quem é o culpado pelas crianças com "problemas", o quanto você deveria estar envolvida na escola — é interminável. Sinceramente, se resume a isto: que tipo de mãe está estragando mais o filho? As pessoas adoram falar sobre essas Guerras das Mães o tempo todo em revistas. Apresentadoras de talk shows suplicam: não podemos todas nos unir? Mas eu jamais entendi direito sobre o que todos estavam falando.

A única mãe com a qual travo uma guerra sou eu.

O fato de eu ter uma filha — uma filha linda, esguia, de beleza estonteante, uma futura supermodelo — que, como todas as crianças, possui uma habilidade especial de girar a faca com firmeza em meu peito, não ajuda muito.

— É o terceiro recital que você perde — ela me lembra. — E... algum dia você vai a uma das minhas feiras de ciências?

Não é o terceiro recital. E eu acabei de participar da feira de ciências no último trimestre. Mas ela faz parecer que eu não participei. E isso faz com que eu sinta como se realmente não tivesse participado.

Bum.

Um zero.

Agora, não sou idiota. Não sou uma dessas mães que permitem que os filhos se comportem como monstros e as pisoteiem.

Fui criada à moda antiga.

Eu luto para agir à moda antiga.

Meus filhos não são meus amigos. São meus filhos. Minha meta não é fazer com que gostem de mim. Minha meta é criá-los. Meu mundo não gira em torno deles. O único helicóptero em minha vida é o de brinquedo, com o qual as crianças brincam.

Minha resposta para minha filha Harper não é um gesto de mãos e um pedido de desculpas em lágrimas. Ninguém fez qualquer gesto ou pediu desculpas quando me criou e eu acabei... *escritora.*

— Trabalho para alimentar e vestir você. Quer comida e roupas? Então fique quieta e mostre gratidão.

É isso que digo a ela.

Mas... por dentro? Nota zero no Boletim da Mamãe. Faca torcida mais um pouco em meu peito. E o discurso de abertura... Tenho cada vez menos tempo para me concentrar nele, para ficar obcecada com ele, para me preocupar com ele. É o fim da temporada, é o fim do ano letivo.

No dia em que preciso viajar para Hanover, em New Hampshire, passo o início da manhã com minhas filhas mais novas. Vou à escola da mais velha, para participar da cerimônia de encerramento do ano. Minha filha vai receber um prêmio acadêmico e, embora eu já saiba disso, ela não sabe. Não quero deixar de ver o seu rosto quando descobrir. Chego bem a tempo de ouvir o nome dela ser chamado e, quando o rosto dela se ilumina, eu a ataco com a câmera para tirar fotos. Abraços, sorrisos, alegria. Embora eu a tenha lembrado durante semanas, surge a inevitável expressão de desapontamento quando ela me ouve dizer que preciso ir embora. Com a faca torcendo de novo, corro para o aeroporto.

Somente quando estou no avião — longe da minha vida real e cercada pelos amigos próximos que vieram comigo para me dar apoio — é que olho de verdade para o discurso que escrevi. É quando realmente o encaro.

Durante um tempo, eu me sinto enjoada. É como se uma pedra fria e dura tivesse caído no fundo do meu estômago. É o mesmo tipo de discurso que sempre escrevi. Forçado, engraçadinho, espertalhão. Tem altos e baixos. Piadas. É inteligente e ostensivo. E soa muito bem. Mas não estou dizendo nada de verdade. Não estou revelando nada. Não estou compartilhando nada. Não há nada *meu* ali. Falo por trás de uma cortina. É como um truque de magia — abro a boca, mas você não chega a *me* ouvir. Apenas ouve minha voz. Esse discurso é todo Conversa de Atleta.

Imagino como é ficar de pé naquele pódio no dia seguinte e olhar para os rostos daqueles formandos e... E o quê? Se eu não disser nada substancial, não contar nada a eles, não compartilhar nada, não der nada... por quê? Por que então estou ali?

O que tenho medo que vejam se eu for eu mesma?

Sei que o problema não são os formandos. É o resto do mundo. São todas as outras pessoas, lá fora, que ouvirão o discurso julgando e criticando. E saberão coisas a meu respeito. Não sei se quero que me conheçam. Porque... porque... nem eu me conheço de verdade ainda.

O que sei é que não posso fazer aquele discurso.

Sei que não farei aquele discurso.

Esse discurso não é um "*SIM*".

Leio mais quatro ou cinco vezes. Movo o arquivo para uma nova pasta no laptop. Nomeio a pasta: PORCARIA.

Então recomeço.

O que escrevo a seguir é menos formal, menos pomposo, menos estilizado.

O que escrevo é casual e um pouco cru, e até mesmo inapropriado em algumas partes.

Mas é sincero.

E soa como eu.

Sou eu.

Se farei um discurso, se ficarei de pé ali e farei um discurso diante de toda aquela gente, se darei esse salto...

... se vou dizer "sim"...

Se vou dizer "SIM"...

Posso muito bem dizer "sim" a ser eu mesma.

Nada de Conversa de Atleta.

Nada de truques de mágica.

Apenas digo a verdade.

Quando termino, conforme o avião percorre o céu noturno, clico em "Salvar". E prometo a mim mesma que não vou pensar muito mais no discurso até estar em pé, no púlpito.

No dia da formatura, acordo antes do amanhecer. Preciso pular. Alongar. Respirar. Passo mais do que alguns minutos fazendo a Pose do Poder. Da janela da suíte na Hanover Inn, consigo ver o palco. Consigo ver o tradicional Old Pine Lectern, o apoio para livros que serve de pódio, onde discursarei.

Eu o encaro por um bom tempo.

Vou dizer "sim" a tudo o que me assusta.

Espero que a onda de medo e pânico tome conta de mim. Mas ela não vem. Dou de ombros. Chegará a qualquer minuto, eu sei. Estou tensa, esperando por ela. A qualquer segundo, o pânico familiar e imobilizador do medo de palco vai me atingir. O tsunami vai me atingir.

Mas não atinge.

Estou nervosa. Estou com medo. Mas é só.

As horas seguintes são como um redemoinho. Fotos. Becas e capelos. Apertar muitas mãos. Ondas de nostalgia. E continuo esperando o ataque de nervos que costuma me deixar inútil. Que faz com que eu me torne uma pilha suada de hiperventilação. Espero enquanto marchamos para o palco. Espero enquanto, junto com outros, recebo meu título de ph.D honorário. Ainda estou esperando quando o reitor Hanlon me apresenta e me mostra o caminho até o pódio.

Subo ao púlpito.

Então...

Algo totalmente especial acontece.

Se você assistir ao vídeo, pode ver o momento em que acontece.

Estou de pé ao púlpito. Olho para a multidão. Inspiro fundo. Ainda estou esperando — o medo, o pânico, os nervos. Estou quase pedindo que venham. Procurando por eles. Olho ao redor em busca. Devem estar ali em algum lugar. Mas, quando encaro a multidão de formandos com seus capelos e becas verdes, só vejo... a mim.

Vinte anos antes, eu estava sentada em uma daquelas cadeiras, naquela multidão, com um capelo e uma beca verde. Exatamente como eles. Eu os reconheço. Eu os conheço. Aquele olhar no rosto deles. Os olhos cheios de incerteza. E entendo que o medo, o pânico, o nervosismo que estou procurando não virão para mim hoje. Eles vieram para os alunos. O medo que estão sofrendo pelo que está adiante é muito maior do que qualquer coisa que eu jamais sentirei. E, subitamente, me sinto bem. Não estou mais com medo de conversar com eles. Não tenho mais medo de ficar de pé ali sozinha no púlpito, durante vinte minutos, sendo honesta e vulneravelmente eu mesma com eles. Porque, certa vez, eu era cada um deles. E, em algum momento no futuro, eles serão eu.

O que quer que eu diga não é para mim. Não é para o mundo exterior. Não importa como as pessoas reajam a isso ou julguem. Não vou falar com ninguém a não ser esses formandos sentados diante de mim. Isso é apenas para eles.

Então expiro.

Você pode ver.

Se assistir ao vídeo, pode me ver expirar.

Pode ver o último instante, o último momento, o último fôlego do meu medo. Daquela expiração em diante, sou uma pessoa nova. Alguém confortável. Alguém sem medo.

Meu corpo relaxa. Sorrio. Eu me acomodo em minha alma. E, pela primeira vez na vida, fico de pé em um palco, ergo a voz ao público com total confiança e sem um sinal de pânico. Pela primeira vez na vida, falo com um público como eu mesma e sinto alegria. Eis o que digo:

DISCURSO DE ABERTURA EM DARTMOUTH

8 de junho de 2014

Hanover, New Hampshire

SONHOS SÃO PARA PERDEDORES

Excelentíssimo Sr. Reitor Hanlon, professores, funcionários, ilustres convidados, pais, alunos, familiares e amigos — bom dia e parabéns à classe de formandos de Dartmouth de 2014!

Então.

Isso é estranho.

Eu fazendo um discurso.

Em geral, não gosto de fazer discursos. Fazer um discurso requer ficar diante de grandes grupos de pessoas enquanto elas olham para você, e também requer falar. Posso fazer direito a parte de ficar de pé. Mas a parte em que "vocês olham" e "eu falo"... NÃO sou fã. Tenho essa sensação sobrepujante de medo.

Terror, na verdade.

A boca fica seca, o coração bate freneticamente, tudo acontece um pouco em câmera lenta.

Como se eu pudesse desmaiar. Ou morrer. Ou fazer cocô nas calças, ou algo assim.

Quer dizer, não se preocupem: não vou desmaiar ou fazer cocô nas calças. Principalmente porque, apenas ao dizer o que poderia acontecer, eu meio que neutralizei tudo isso como opção. Como se dizer em voz alta lançasse algum tipo de feitiço, e não há possibilidade de acontecer agora.

Vomitar. Eu poderia vomitar.

Estão vendo? Vomitar agora também está fora da jogada.

Neutralizado. Estamos bem.

Enfim, a questão é que não gosto de fazer discursos. Sou escritora. Sou escritora de TV. Gosto de escrever coisas para que outras pessoas digam. Na verdade, pensei em trazer Ellen Pompeo ou Kerry Washington para que fizessem o discurso por mim... mas meu advogado observou que, quando se arrasta alguém de um estado para o outro contra a vontade da pessoa, o FBI vai atrás de você, então...

Então não gosto de fazer discursos. Em geral. Por causa do medo. E do terror. Mas este discurso? Este discurso eu realmente não queria fazer.

Um discurso de abertura em Dartmouth?

Boca seca. Coração muito, muito acelerado.

Tudo em câmera lenta.

Desmaiar, morrer, fazer cocô.

Vejam bem, não teria problema se fosse, tipo, há vinte anos. Se fosse na época em que eu me formei em Dartmouth. Há 23 anos, eu estava sentada bem aí onde vocês estão agora. E estava ouvindo Elizabeth Dole falar. E ela foi ótima. Estava calma, confiante. Foi apenas... diferente. Parecia que ela estava falando com um grupo de pessoas. Como uma conversa entre amigos diante da lareira. Apenas Liddy Dole e nove mil amigos. Porque foi há vinte anos. E ela SÓ estava conversando com um grupo de pessoas.

Agora? Vinte anos depois? Isto não é uma conversa diante da lareira. Não somos apenas vocês e eu. Este discurso é filmado e transmitido on-line, e tuitado, e baixado. A NPR tem, tipo, um aplicativo inteiramente dedicado a discursos de abertura.

UMA PÁGINA INTEIRA APENAS SOBRE DISCURSOS DE ABERTURA.

Há outras páginas que os classificam. E debocham deles. E os dissecam. É estranho. E estressante. E um pouco cruel para uma escritora introvertida e perfeccionista que, para início de conversa, odeia falar em público.

Quando o reitor Hanlon me ligou...

Aliás, gostaria de agradecer ao reitor Hanlon por entrar em contato comigo em janeiro, me dando seis meses inteiros de pânico e terror para desfrutar.

Quando o reitor Hanlon me ligou, eu quase disse não. Quase.

Boca seca. Coração muito, muito acelerado. Tudo em câmera lenta. Desmaiar, morrer, fazer cocô.

Mas estou aqui. Vou fazer isso. Estou fazendo isto. Sabem por quê?

Porque eu gosto de um desafio. E porque este ano fiz uma promessa a mim mesma, de fazer as coisas que me apavoram. E porque, há mais de vinte anos, quando eu estava arrastando os pés colina acima desde o rio Cluster, em meio a toda aquela neve, para chegar ao Hop para o ensaio teatral, jamais imaginei que um dia estaria AQUI. De pé no Old Pine Lectern. Encarando todos vocês. Prestes a despejar alguma sabedoria para o discurso de abertura de Dartmouth. Sabem... momentos.

Além disso, estou aqui porque queria muito, muito mesmo comer no Everything But Anchovies.

Pois bem

Gostaria de dizer que, sempre que alguém me perguntava sobre o que eu falaria neste discurso, eu dizia, corajosa e confiantemente, que tinha todo tipo de sabedoria para compartilhar.

Estava mentindo.

Eu me sinto profundamente desqualificada para dar conselhos. Não há sabedoria aqui. Tudo o que posso fazer é falar sobre algumas coisas que talvez possam ser úteis para vocês. De uma formanda de Dartmouth para outros formandos. Algumas coisas que jamais aparecerão nos *voice-overs* de Meredith Grey ou nos monólogos de Papa Pope. Algumas coisas que eu provavelmente não deveria contar aqui agora. Por causa dos downloads e das transmissões e das páginas na internet. Mas vou fingir que estamos vinte anos atrás. Que somos apenas vocês e eu. Que estamos conversando diante da lareira. Dane-se o mundo exterior e o que os outros pensam. Já falei a palavra *cocô* umas cinco vezes mesmo... as coisas estão subindo de nível mesmo aqui em cima.

Esperem.

Antes de falar com vocês, quero falar com seus pais. Porque a outra coisa a respeito de ser vinte anos mais tarde é que agora sou mãe. Então sei algumas coisas. Algumas coisas bem diferentes. Tenho três meninas. Já participei do espetáculo. Vocês não sabem o que isso significa. Mas seus pais, sim. Vocês acham que este dia é todo sobre vocês. Mas seus pais... as pessoas que os criaram... as pessoas que os aturaram... eles desfraldaram vocês, ensinaram a ler, sobreviveram a vocês quando adolescentes, sofreram durante 21 anos e nenhuma os mataram. Este dia... vocês chamam de formatura. Mas este dia não diz respeito a vocês. Este é o dia deles. Este é o dia em que eles reivindicam de volta suas vidas, o dia em que podem reconquistar a liberdade. E, como eu tenho uma filha de oito meses, espero me juntar ao pelotão de liberdade de vocês daqui a vinte anos!

Pois bem.

Então, aqui vai. A parte séria do discurso. Ou, como vocês podem chamar, *Coisas que uma ex-eluna qualquer que faz programas de TV acha que vocês deveriam saber antes de se formarem.*

Estão prontos? Aqui vamos nós!

Quando as pessoas dão esse tipo de discurso, elas costumam dizer todo tipo de coisa inteligente e sentimental. Elas têm sabedoria a passar. Têm lições para compartilhar. Elas dizem: Sigam seus sonhos. Ouçam seus corações. Mudem o mundo. Deixem suas marcas. Encontrem sua voz interior e façam com que ela cante. Abracem o fracasso. Sonhem. Sonhem, e sonhem alto. Na verdade, sonhem e não parem de sonhar até que seu sonho se torne realidade.

Acho que isso é besteira.

Acho que muita gente sonha. E, enquanto estão ocupadas sonhando, as pessoas felizes de verdade, as pessoas bem-sucedidas de verdade, as pessoas realmente interessantes, poderosas, engajadas estão ocupadas, fazendo.

Os sonhadores. Eles encaram o céu e fazem planos e esperam e pensam e falam sobre isso interminavelmente. E começam muitas frases com "quero ser..." ou "eu queria..."

"Quero ser escritor." "Eu queria poder viajar o mundo."

E sonham com isso. Os almofadinhas se encontram para tomar coquetéis e todos se gabam de seus sonhos. Os hippies têm painéis de inspiração e meditam sobre os sonhos. Você escreve em seu diário sobre seus sonhos. Ou discute-os interminavelmente com seu melhor amigo, sua namorada ou sua mãe. E é muito bom. Está falando a respeito deles. Está planejando. Mais ou menos. Está pintando de azul o céu da sua vida. E é isso que todos dizem que você deve fazer. Certo? Foi o que Oprah e Bill Gates fizeram para alcançarem o sucesso, certo?

NÃO.

Sonhos são lindos. Mas são apenas sonhos. Passageiros. Efêmeros. Lindos. Mas sonhos não se realizam apenas porque você os sonha. É o trabalho árduo que faz as coisas acontecerem. É o trabalho árduo que cria a mudança.

LIÇÃO UM: DESCARTE O SONHO
SEJA UM REALIZADOR, NÃO UM SONHADOR.

Talvez vocês saibam exatamente o que sonham ser. Ou talvez estejam paralisados, porque não têm ideia de qual é sua paixão. A verdade é que não importa. Não precisam saber. Só precisam continuar seguindo adiante. Só precisam continuar fazendo algo, aproveitar a próxima oportunidade, continuar abertos a tentar algo novo. Não precisam se encaixar em sua visão de emprego perfeito ou de vida perfeita. O perfeito é chato, e sonhos não são reais. Apenas... FAÇAM. Você pensa: "Eu queria poder viajar" — venda a porcaria do carro e compre uma passagem e vá para Bancoque agora mesmo. Estou falando sério. Você diz: "Quero ser escritor" — adivinhe só? Um escritor é alguém que escreve todo dia. Comece a escrever. Ou: Não tem emprego? Consiga um. QUALQUER EMPREGO. Não fiquem sentados em casa esperando pela oportunidade mágica dos sonhos. Quem são vocês? O príncipe William? Não. Arrumem um emprego. Trabalhem. Façam isso até que possam fazer outra coisa.

Não sonhei em ser escritora de TV. Jamais, nem uma vez enquanto estava aqui, nos corredores vazios dessa universidade que pertence à prestigiosa Ivy League, eu disse a mim mesma: "Ei, eu mesma, quero escrever para TV."

Sabem o que eu queria ser?

Queria ser Toni Morrison, a autora vencedora do prêmio Nobel de Literatura.

Esse era meu sonho. Eu pintava esse céu de azul como doida. Sonhava e sonhava. E, enquanto estava sonhando, estava vivendo no porão da minha irmã. Sonhadores costumam acabar vivendo nos porões de parentes, aliás. De todo modo, lá estava eu naquele porão; estava sonhando em ser a autora vencedora do prêmio Nobel de Literatura. Adivinhe só? Eu não podia ser Toni Morrison, a vencedora do prêmio Nobel de Literatura. Porque esse título já era de Toni Morrison e ela não estava interessada em abrir mão dele. Um dia, eu estava sentada naquele porão e li um artigo no *New York Times* que dizia que era mais difícil entrar na escola de cinema da Universidade do Sul da Califórnia do que entrar na Faculdade de Direito de Harvard.

Eu podia sonhar em ser Toni Morrison. Ou podia fazer isso.

Na escola de cinema, descobri um modo completamente novo de contar histórias. Um modo que combinava comigo. Um modo que me trouxe alegria. Um modo que ligou um interruptor em meu cérebro e mudou a forma como eu via o mundo.

Anos depois, jantei com Toni Morrison.

Tudo o que ela queria era conversar sobre *Grey's Anatomy*.

Isso nunca teria acontecido se eu não tivesse parado de sonhar em me tornar Toni Morrison e tivesse me ocupado em me tornar eu mesma.

LIÇÃO DOIS: AMANHÃ SERÁ O PIOR DIA QUE VOCÊ JÁ TEVE

Quando eu me formei em Dartmouth, em 1991, no dia em que estava sentada bem onde vocês estão e ouvindo Elizabeth Dole falar, admito que não fazia ideia do que ela estava dizendo. Não conseguia nem ouvi-la. Não porque eu estivesse enlevada ou emotiva ou nada disso. Mas porque estava com uma ressaca séria. Tipo, uma ressaca épica, dolorosa, porque...

(E aqui peço desculpas ao reitor Hanlon, porque sei que o senhor está tentando construir uma Dartmouth melhor e mais responsável, e eu o aplaudo e admiro, pois é MUITO necessário...)

...Eu tinha ficado muito bêbada na noite anterior. E o motivo pelo qual fiquei tão bêbada na noite anterior, o motivo pelo qual tomei shots de margarita de ponta-cabeça em Bones Gate foi porque eu sabia que, depois da formatura, eu tiraria o capelo e a beca, meus pais colocariam minhas coisas no carro e eu iria para casa, e provavelmente jamais voltaria a Hanover. Mesmo que eu voltasse, não importaria, porque não seria igual, porque eu não moraria mais aqui.

No dia da minha formatura, eu estava de luto.

Meus amigos estavam comemorando. Eles estavam fazendo festa. Tão animados. Tão felizes. Chega de aulas, chega de livros, chega de olhares tortos de professores, oba. E eu estava pensando: está de palhaçada? Aqui você pode comer todo o sorvete de iogurte que quiser! A academia é de graça. Os apartamentos em Manhattan são menores do que minha suíte em North Mass. Quem se importava se não tinha onde eu fazer o cabelo? Todos os meus amigos estavam aqui. Eu dirigia minha companhia teatral aqui.

Eu estava de luto.

Sabia o suficiente sobre como o mundo funciona, sobre como a vida adulta se desenrola, para estar de luto.

Eis onde vou me humilhar e fazer com que todos vocês se sintam melhor consigo mesmos. Eu literalmente me deitei no chão do dormitório e chorei enquanto minha mãe empacotava minhas coisas. Eu me recusei a ajudar. Me recusei mesmo. Algo como "não vou de jeito nenhum". Fiz um protesto pacífico ao sair daqui. Fiquei inerte como uma manifestante, mas sem entoar nada — foi realmente patético.

Não se sentem melhor agora?

Se nenhum de vocês se deitar com a cara no chão em um piso de madeira e chorar hoje enquanto sua mãe empacota seus pertences, já estão começando a carreira à frente de mim. Estão vencendo.

Mas eis a questão. Algo que eu realmente sentia que eu sabia. O mundo real é uma droga. E é assustador.

A faculdade é incrível.

Vocês são especiais aqui. Vocês estão em uma faculdade de elite, estão no ápice das suas metas de vida a esta altura — sua vida inteira, até este momento, foi dedicada a entrar em uma ótima faculdade e se formar nessa faculdade. E, agora, hoje, vocês conseguiram! Eba!

Assim que saírem da faculdade, vocês acham que vão conquistar o mundo. Todas as portas estarão abertas. Serão gargalhadas, diamantes e noitadas a torto e a direito.

O que acontece na verdade é que, para o restante do mundo, vocês estão agora no fundo do poço. Talvez consigam um estágio. Possivelmente um cargo de assistente malpago. Na melhor das hipóteses. E é terrível. O mundo real era tão ruim para mim. Eu me sentia como uma fracassada o tempo todo. E mais do que uma fracassada: eu me sentia perdida.

O que me leva a esclarecer a LIÇÃO NÚMERO DOIS: *Amanhã SERÁ o pior dia de suas vidas.*

Mas não sejam canalhas.

A questão é a seguinte. Sim, lá fora é difícil. Mas o difícil é relativo. Venho de uma família de classe média, meus pais são acadêmicos, nasci depois do movimento dos direitos civis, era criança durante o movimento feminista. Moro nos Estados Unidos, tudo isso significa que tenho a permissão de ser dona da minha liberdade, dos meus direitos, da minha voz e do meu útero, e estudei em Dartmouth, conquistei o diploma de uma faculdade de elite.

A poeira que se acumulou no meu umbigo enquanto eu olhava para o diploma e sofria por me sentir perdida por conta de como era difícil não me sentir especial depois da formatura... aquela poeira de umbigo tinha vergonha de mim.

Em outros lugares do mundo, garotas eram agredidas simplesmente porque queriam uma educação. Escravidão ainda existe. Crianças ainda morrem de subnutrição. Neste país, perdemos mais pessoas para violência com armas de fogo do que qualquer outra nação do mundo. Estupro contra mulheres nos Estados Unidos é frequente e perturbador e continua a uma proporção alarmante.

Então, sim, amanhã pode ser uma droga para vocês — como foi para mim. Mas, conforme vocês encararem a poeira no umbigo, tenham um pouco de perspectiva. Somos incrivelmente sortudos. Recebemos uma dádiva. Uma educação incrível foi colocada diante de nós. Comemos todo o sorvete de iogurte que conseguimos. Esquiamos. Comemos no EBA à uma hora da manhã. Acendemos fogueiras e tivemos queimaduras de inverno e aproveitamos todas as esteiras gratuitas. Jogamos *beer pong* até nos acabarmos.

Agora está na hora de seguir adiante.

Encontrem uma causa que amem. Não tem problema escolher apenas uma. Vocês vão precisar passar muito tempo no mundo real tentando descobrir como parar de ser um fracassado perdido, então uma causa já está de bom tamanho. Mas encontrem *uma*. E dediquem algum tempo toda semana a ela.

E enquanto estamos discutindo isso, deixe-me dizer uma coisa. Postar uma hashtag não significa ajudar.

#yesallwomen

#takebackthenight

#notallmen
#bringbackourgirls
#PareDeFingirQueHashtagsSãoOMesmoQueFazerAlgo

Hashtags são muito lindas no Twitter. Eu as adoro. Vou mergulhar nas hashtags semana que vem. Mas uma hashtag não é um movimento. Uma hashtag não faz de você o Dr. King. Uma hashtag não muda nada. É uma hashtag. É você, com a bunda na cadeira, digitando no computador e voltando para assistir a seu programa preferido à exaustão. No meu caso é *Game of Thrones.*

Trabalhem como voluntários algumas horas. Concentrem-se em algo diferente. Dediquem uma parte de suas energias para fazer o mundo ser menos pior a cada semana. Algumas pessoas sugerem que fazer isso aumentará a sensação de bem-estar. Outras dizem que é apenas bom para o carma. Eu digo que isso lhes permitirá lembrar que, se algum de vocês for um herdeiro ou o primeiro da família a entrar na faculdade, o ar que respira agora é rarefeito. Aproveite-o. E não seja um canalha.

LIÇÃO TRÊS

Vocês estão retribuindo e estão lá fora fazendo as coisas e as coisas estão funcionando. A vida é boa. Vocês estão se dando bem. São um sucesso. E é emocionante e ótimo. Pelo menos para mim. Amo minha vida. Tenho três programas de TV e três filhas. E tudo é maravilhoso. Estou feliz de verdade.

E as pessoas me perguntam o tempo todo como eu consigo.

E, normalmente, elas têm um tom de admiração e assombro.

Shonda, como faz tudo isso?

Como se eu estivesse cheia de mágica e sabedoria e coisas especiais.

Como faz tudo isso?

E eu em geral apenas sorrio e digo: "Sou muito organizada." Ou, se estou me sentindo generosa, digo: "Recebo muita ajuda."

E essas coisas são verdade. Mas também não são verdade.

E é isso que eu realmente quero dizer. A todos vocês. Não apenas às mulheres lá fora, embora isso importe muito para as mulheres, conforme vocês entram no mercado de trabalho e tentam descobrir como equilibrar trabalho e família. Mas também importará para os homens, os quais, na minha opinião, estão cada vez mais tentando descobrir também como equilibrar trabalho e família. E, sinceramente, se vocês não estão tentando descobrir, homens de Dartmouth, deveriam estar. A paternidade é redefinida à proporção da velocidade da luz. Vocês não querem ser um dinossauro.

Então, mulheres E homens de Dartmouth: enquanto tentam desvendar a impossível tarefa de equilibrar trabalho e família e ouvirem diversas e diversas vezes que só precisam de muita ajuda ou que só precisam ser organizados ou só precisam tentar um pouco mais... como uma mulher muito bem-sucedida, mãe solteira de três, que constantemente ouve a pergunta "Como você faz tudo isso?" pelo menos uma vez por dia, vou responder a essa pergunta com cem por cento de honestidade para vocês, agora.

Porque estamos apenas nós aqui.

Porque esta é a nossa conversa diante da lareira.

Porque alguém precisa contar a verdade.

Shonda, como você faz tudo isso?

A resposta é esta: não faço.

Sempre que me virem em algum lugar, fazendo sucesso em uma área da vida, isso significa quase certamente que estou falhando em outra área da vida.

Se estou arrasando no trabalho com um roteiro de *Scandal*, provavelmente estou perdendo a hora do banho e da história em casa. Se estou em casa costurando as fantasias de Halloween de minhas filhas, provavelmente estou ignorando um roteiro que deveria reescrever. Se estou recebendo um prestigiado prêmio, estou perdendo a primeira aula de natação de minha bebê. Se estou na estreia de minha filha no musical da escola, estou perdendo a última cena de Sandra Oh em *Grey's Anatomy*.

Se estou fazendo sucesso em uma, inevitavelmente fracasso em outra.

É a troca.

É o acordo que Fausto faz com o diabo. Tem a ver com ser uma mulher poderosa e trabalhadora, que também é uma mãe poderosa. Você jamais se sente cem por cento bem, jamais alcança suas léguas submarinas, está sempre um pouco enjoada.

Algo sempre se perde.

Algo está sempre faltando.

No entanto...

Quero que minhas filhas me vejam e me conheçam como uma mulher que trabalha. Quero ser esse exemplo para elas. Gosto do quanto elas ficam orgulhosas quando vão ao meu escritório e sabem que estão em Shondaland.

Que existe um lugar que recebeu o nome em homenagem à mãe delas.

No mundo delas, mães são chefes de empresas. No mundo delas, mães comandam as quintas-feiras à noite na TV. No mundo delas, mães trabalham. E sou uma mãe melhor por isso. A mulher que sou porque posso dirigir Shondaland, porque posso escrever o dia todo, porque posso passar meus dias inventando coisas, essa mulher é uma pessoa melhor — e uma mãe melhor. Porque essa mulher está feliz. Essa mulher está realizada. Essa mulher está completa. Eu não gostaria que elas conhecessem a versão de mim que não pudesse fazer isso o dia todo. Eu não gostaria que elas conhecessem a versão de mim que não estivesse fazendo.

ENTÃO.

A Lição NÚMERO TRÊS é que QUALQUER UM QUE DIGA QUE ESTÁ FAZENDO TUDO PERFEITAMENTE É UM MENTIROSO.

Tudo bem.

Acho que assustei vocês. Ou talvez tenha sido muito negativa. Essa não foi a minha intenção. Espero que vocês saiam daqui animados, seguindo em frente, na direção do vento, prontos para conquistar o mundo. Isso seria tão fabuloso. Que vocês fizessem o que todos esperam de vocês. Que simplesmente se tornassem exatamente a imagem do brilhantismo hardcore de Dartmouth.

Meu objetivo, acho, é dizer que não tem problema se não se tornarem tudo isso. Minha mensagem é que se formar pode ser assustador. Que vocês podem se deitar no piso de madeira do dormitório e chorar enquanto suas mães empacotam suas coisas. Que podem ter o sonho impossível de se tornar Toni Morrison, do qual precisarão abrir mão. Que todos os dias vocês podem sentir que estão fracassando no trabalho ou na vida doméstica. Que o mundo real é difícil.

E, no entanto...

Ainda podem acordar todas as manhãs e dizer: "Tenho três filhos incríveis e criei algo no trabalho do qual tenho orgulho e amo muito a minha vida e não a trocaria pela vida de ninguém, jamais."

Ainda podem acordar um dia e se encontrar vivendo uma vida com a qual jamais sequer imaginaram sonhar.

Meus sonhos não se realizaram. Mas trabalhei muito. E acabei construindo um império da minha imaginação. Meus sonhos podem todos ir para o inferno.

Vocês podem acordar um dia e descobrir que são interessantes e poderosos e engajados. Podem acordar um dia e descobrir que são realizadores.

Podem estar sentados exatamente onde estão agora. Olhando para mim. Provavelmente — espera-se, eu rezo por vocês — de ressaca. E então, daqui a vinte anos, podem acordar e se encontrar na Hanover Inn, cheios de medo e terror porque vão dar o discurso de abertura.

Boca seca.

Coração batendo muito, muito rápido.

Tudo em câmera lenta.

Desmaiar, morrer, fazer cocô.

Qual de vocês será? Qual membro da turma de 2014 se encontrará aqui no Old Pine Lectern? Eu verifiquei, e é muito raro que um ex-aluno discurse aqui. Somos basicamente eu, Robert Frost e Mr. Rogers.

O que é INCRIVELMENTE SENSACIONAL.

Qual de vocês vai chegar aqui? Espero que seja você. Sim. Você. Sério. Você.

Não. Sério. Você.

Quando acontecer, você saberá como é.

Boca seca.

Coração batendo muito, muito rápido.

Tudo em câmera lenta.

Formandos, cada um de vocês, sintam orgulho de suas realizações. Aproveitem seus diplomas.

Lembrem-se, vocês não são mais alunos. Não são mais um trabalho em andamento. São agora cidadãos do mundo real. Têm a responsabilidade de se tornar pessoas dignas de se juntar à sociedade e contribuir com ela.

Quem são vocês hoje... esses são quem vocês são.

Sejam corajosos.

Sejam incríveis.

Sejam valiosos.

E sempre que tiverem a chance?

Fiquem de frente para as pessoas.

Sejam vistos. Falem. Sejam ouvidos.

Vão em frente e fiquem com a boca seca.

Deixem que seu coração bata muito, muito rápido.

Observem cada movimento em câmera lenta.

E daí. Vocês o quê?

Vocês vão desmaiar, morrer, fazer cocô nas calças?

Não.

(E essa é realmente a única lição que precisam aprender.)

Vocês vão absorver o aprendizado.

Vocês vão respirar o ar rarefeito.

Vocês vão se sentir vivos.

Vocês serão vocês mesmos.

Serão realmente, finalmente, sempre vocês mesmos.

Obrigada. Boa sorte.

6

Sim a se render à Guerra das Mães (Ou Jenny McCarthy é tudo para mim)

Tenho uma babá incrível.

Ela é maravilhosa e espirituosa. Tem um senso de humor sagaz — eu já a vi fazer uma piada, com um único e silencioso erguer de sobrancelha, que foi mais engraçada do que a de muitos comediantes. Ela tem um coração muito sensível — qualquer sofrimento humano a deixa em lágrimas. É inteligente. Se você a humilhar, vai levar um tapa mental. É excelente em analisar o caráter das pessoas e parece sempre reconhecer um destilado original de um falsificado. Ultrapasse os limites com ela ou com as crianças de qualquer forma inapropriada e sofra a ira de um leão. Engatinhe com ela e com as crianças, e ela pacientemente ensinará e ensinará, até que algo dentro de você se partirá e você se lembrará de quem era quando criança e começará a brincar.

Ela tem princípios e pulso forte; comportamento grosseiro não é aceito na sua presença. É uma adulta que vê as coisas com profundidade, e reconhece crianças como cidadãs e pessoas e almas. E, porque ela respeita as crianças, todas as crianças parecem respeitá-la. É uma deusa enviada pelo universo com a graça das estrelas.

O nome dela é Jenny.

Jenny McCarthy.

Não estou brincando.

Tem o mesmo nome da famosa personalidade da televisão. Uma personalidade cujas ideias sobre vacinação minha Jenny McCarthy não compartilha — ela gostaria que eu deixasse isso claro.

Jenny McCarthy recomenda que você vacine seus filhos.

Contratei Jenny McCarthy 15 minutos depois de conhecê-la. Pelo menos tentei. Ela resistiu. Tinha perguntas. Ela *me* entrevistou. Eu estava nervosa. Soube imediatamente que Jenny era uma pessoa que eu queria em minha casa, com minha família, perto de minhas filhas. Eu queria conhecê-la e queria que ela nos conhecesse. Como Olivia Pope diria, confie em seu instinto. Confiei em meu instinto. Eu sabia que Jenny McCarthy era para nós. Ela tem um bom coração.

Certa vez, tentando descrevê-la para alguém, eu me referi a Jenny como uma Mary Poppins New Wave, mas, sério, isso não é verdade. Ela é muito mais incrível do que aquela Poppins. Já viu o filme depois de adulto? Digo, de verdade, com a bunda no sofá, encarando a tela, assistiu ao filme depois de adulto? Porque, se me perguntar, Mary Poppins não era uma babá muito boa. Tudo o que tinha era uma bolsa com objetos intermináveis e um guarda-chuva arrasador. Além disso, tenho quase certeza de que usava drogas e transava com aquele limpador de chaminés.

Cerca de duas semanas depois de começar a trabalhar na minha casa, ela me olhou pensativa e disse: "Sabe, eu sou sua babá também. Porque, Shonda, você precisa de uma babá."

Acho que talvez eu devesse ter me sentido insultada. Quer dizer, ela *acabou* de me chamar de criança. Certo? Eu deveria ter sentido alguma revolta ou afronta. Em vez disso, o que senti, incrivelmente, foi alívio.

Eu estava batalhando na linha de frente, fazendo o melhor que podia contra o inimigo. Mas estava acabada e ferida. Bombas caíam por todos os lados, eu estava na ponta dos pés desviando de minas a torto e a direito. Queria ir para casa. Estava perdendo a Guerra das Mães, que coisa terrível.

Não sei quanto a você, mas os erros e os passos em falso que dei desde que me tornei mãe... Antes dos filhos, minha confiança era inabalável. Agora, é destruída diariamente. *Não sei o que estou fazendo*. Não há manual. Não há lista. Não tem ninguém para dar aulas. Esses pequenos humanos me capturaram, me prenderam atrás das linhas inimigas. Eu me alistei voluntariamente, mas será que o fiz pelos motivos certos? Eu me preocupo com o fato de ter desejado apenas ficar bem no uniforme. Ou talvez estar na United Services Organization — cantar para as tropas. Bem, não sei cantar. Mas sei tocar oboé. Se me der a chance, tocarei um oboé *furioso* para as tropas. Em vez disso, estou lutando. Na linha de frente. Segurando uma arma. Não sou tão corajosa quanto os demais. Não mais inteligente ou forte ou confiante do que consigo ser.

Sabe o personagem nos velhos filmes de guerra que sempre leva um tiro porque entra em pânico e corre?

O personagem sou eu como mãe.

Precisava de ajuda. Precisava de novas tropas. Ou mais munição. Ou um paramédico. Ou mesmo apenas um capelão para os últimos ritos, pelo amor de...

Consegui Jenny McCarthy.

Jenny McCarthy é do SEAL Team Six das babás.

Não consigo contar o número de vezes que um repórter legal colocou um pequeno gravador prateado e surrado diante de meu rosto, ligou e, com um sorriso bondoso, me fez o que chamo de as Grandes Perguntas: *Como consigo equilibrar trabalho e casa? Que dicas tenho para as mães que trabalham? Qual é meu segredo para encontrar equilíbrio em um mundo tão ocupado?*

Ouço as Grandes Perguntas em quase TODA ENTREVISTA que dou. Odeio as Grandes Perguntas. Odeio que me perguntem as Grandes Perguntas QUASE tanto quanto odeio ouvir a Pergunta da Diversidade: "Por que a diversidade é tão importante?" (essa é para mim uma das perguntas mais burras na face da terra, bem ao lado de "Por que as pessoas precisam de comida e ar?" e "Por que as mulheres deveriam ser feministas?").

Mas por mais que eu odeie as Grandes Perguntas, não quero ser grosseira com os gentis repórteres que as fazem. Não acho que os repórteres queiram fazer algum mal com essas perguntas — acho que as pessoas sinceramente querem saber. É só que, antes desse Ano do Sim, eu, sinceramente, não sabia o que dizer. Eu me via rindo para os repórteres e dando um monte de respostas diferentes, esquisitas.

"Ora, Jane, consigo com muita organização e uma máquina de etiquetar."

" Lavo roupa *tarde da noite*, Susan."

"Minha nossa, Bill, comecei a meditar regularmente!"

Ah, é. *Lavar roupa tarde da noite* é a cura para conseguir que três crianças acordem e se vistam, para trabalhar expedientes de 12 horas, ligar para o professor de reforço de minhas filhas, marcar consultas médicas e encontros com os amiguinhos delas na minha única pausa de dez minutos, depois voltar para casa para descobrir que minha filha de um ano finalmente andou e eu *perdi*?

Lavar roupa tarde da noite uma pinoia.

Lavar roupa tarde da noite não é uma resposta verdadeira para qualquer pergunta, jamais.

Há uma resposta para as Grandes Perguntas de todos aqueles repórteres.

Eu só não queria dizer.

Porque ninguém jamais disse.

Já li muitos livros escritos por e sobre mulheres que trabalham e fico chocada com o fato de ninguém jamais parecer querer falar sobre ter ajuda em casa. E acho que não é tão útil para as mulheres que *não* têm ajuda em casa.

Vou dizer isso em termos completamente desconexos e estranhamente relacionados a cabelo:

Deus abençoe a alma de Whitney Huston, mas passei uma hora por dia, todas as manhãs, de todos os quatro anos de ensino médio, diante do espelho tentando fazer com que meu cabelo parecesse exatamente com o dela. Horas e horas da vida entregues a um babyliss quente e um frasco de spray de cabelo e as pontas dos dedos queimadas. Para mim, os cabelos de Whitney eram a definição de impecável. Como uma adolescente com óculos fundo de garrafa que mal falava na escola e passava o tempo todo enfiada em livros, nada a respeito de minha vida era impecável. Por algum motivo, acreditei que tudo seria melhor se eu pudesse simplesmente fazer meu cabelo parecer com o de Whitney. Se meu cabelo fosse impecável, minha vida acompanharia. Porque obviamente Whitney tinha tudo no devido lugar.

Eu estava em um cabeleireiro em Los Angeles, cinco ou seis anos depois de terminar a faculdade. De alguma maneira, Whitney surgiu na habitual conversa de cabeleireiro. Mencionei casualmente para minha cabeleireira o quanto eu amava o cabelo dela quando estava no ensino médio e então contei a história do meu ritual matinal. Eu me certifiquei de contornar a triste determinação e manter a história engraçada. É preciso montar esse trilho, é preciso acender essa fogueira. Minha cabeleireira ainda limpava as lágrimas de gargalhadas do rosto quando falou:

"Garota", ela sacudiu a cabeça "você sabe que ela usava uma peruca, não é? Você provavelmente poderia comprá-la se quisesse. Espere aí. Vou pegar o catálogo de perucas pra te mostrar..."

Eu não ouvi mais uma palavra do que ela disse. Estava perdida, pensando nas horas desperdiçadas e nos galões de spray para cabelo que gastei. Aliviei a tristeza inevitável, a sensação de fracasso e insegurança que vinham toda manhã quando meu cabelo não fazia o que eu tentava intimidá-lo a fazer.

Mas, se eu soubesse... se ao menos tivessem me contado... não importava o quanto eu trabalhasse, meu cabelo JAMAIS seria daquela forma...

Se ao menos soubesse que nem mesmo o cabelo de Whitney podia ser daquela forma...

Precisei morder o lábio para evitar cair em lágrimas bem ali, na frente de duas moças que eu não conhecia.

Salões para cabelos de mulheres negras não são piada — eu me sentaria diante daquelas duas moças por pelos menos mais cinco horas. Não queria ser conhecida como a "tola que chorou enquanto fazia relaxamento".

Não chorei. Mas doeu. A traição foi profunda.

Mas, preciso admitir, havia também um pequeno alívio.

Porque agora eu sabia que não tinha falhado.

Eu simplesmente não *tinha a peruca.*

Mães bem-sucedidas, trabalhadoras e poderosas que mantêm o silêncio a respeito de como cuidam dos lares e das famílias, que se comportam como se talvez tivessem um clone de si mesmas ou o vira-tempo de Hermione Granger, para que possam estar em dois lugares ao mesmo tempo... bem, elas estão fazendo todas as outras pessoas pegarem o babyliss.

Não façam isso. Não me façam pegar o babyliss sem motivo.

Jenny McCarthy é a babá da minha família. E tenho orgulho em dizer isso em voz alta para qualquer um que pergunte. Tenho orgulho em dizer que não faço isso sozinha.

Não acho que mulheres poderosas e famosas sejam maldosas ao esconder o fato de que têm babás ou algum tipo de ajuda em casa. Quero dizer, essas mulheres não estão em casa rindo de como todos nos Estados Unidos estão tentando fazer tudo, mas não conseguem porque não sabem que o segredo é que NINGUÉM PODE FAZER TUDO! HA!! Enganamos vocês! OTÁRIOS!

Também não acho que tenha sido por isso que minha ídola não nos contou que usava peruca.

Mulheres poderosas e famosas não dizem em voz alta que têm ajuda em casa, que têm babás, empregadas, chefs, assistentes, cabeleireiras — o que quer que tenham para manter o mundo delas em órbita. Não dizem em voz alta que têm essas pessoas em casa fazendo essas tarefas, porque têm vergonha.

Ou talvez a forma mais precisa de dizer isso seja que essas mulheres *sofreram vergonha.*

Antes de minha filha Harper nascer, quando eu ainda estava preenchendo pilhas e pilhas de papéis de adoção, sorrindo para assistentes sociais e obcecada com roupas de bebê em lojas — quando ter um bebê ainda era mais uma de minhas brilhantes ideias do que qualquer outra coisa —, uma amiga, que era mãe e trabalhava fora, perguntou se eu já havia começado a entrevistar.

— Entrevistar o quê? — Lembro que perguntei a ela.

— Você sabe. Uma enfermeira de bebês, uma babá. — Ela mesma tinha um novo bebê, um menino com menos de seis meses. Ainda consigo vê-la dizendo isso. Ela se inclinou para a frente na cadeira, de uma maneira mais intensa do que achei que a discussão merecia. Como se estivesse tentando me dizer algo importante. E, é claro, ela estava. Estava *mesmo*.

Ela estava desperdiçando o próprio tempo.

Tenho mais certeza sobre um assunto quando não tenho nenhuma experiência com ele. Sem um bebê meu à vista, eu estava incrivelmente segura quanto a ser mãe.

Se eu pudesse me estapear, apenas voltar no tempo para dar um bom tapa na minha cara...

Porque o que eu fiz a seguir...

Olhe, não pareceu muito na época. Em minha defesa, eu ainda não era mãe. Ainda não sabia. Sou inocente!

Ignorância não é desculpa.

O que fiz a seguir foi cruel. E, de onde estou agora, depois de 13 anos lutando arduamente atrás das linhas inimigas da Maternidade, posso dizer com certeza: qualquer tribunal teria considerado um crime de guerra. O que fiz a seguir foi lançar uma violenta emboscada emocional que deixou minha amiga desarmada e ferida no campo de batalha.

Olhei para minha amiga. Ela estampava círculos escuros de exaustão sob os olhos. Tenho quase certeza de que os cabelos não eram lavados há semanas. Ela, mais cedo, havia assoado o nariz com lenços umedecidos. Observei tudo isso. E falei:

— Por que diabo eu *contrataria* alguém para cuidar do meu bebê? Sério mesmo? Isso é pura preguiça. Se não estou disposta a cuidar eu mesma do bebê, por que *ter* um bebê, para início de conversa?

Senti toda a poderosa assertividade do mundo.

O rosto dela se contraiu. O ar entre nós mudou. Eu me senti chocada com o ódio dela.

Mãe ferida, mãe ferida.

Não sei dizer exatamente como aquele encontro terminou, o que foi dito. Mas posso dizer que ela não falou comigo de novo.

Nunca mais.

Somente mais tarde eu entendi. Tinha uma Harper de oito semanas presa ao meu peito em um canguru. Eu estava suada; meus cabelos, que uma semana antes eram um lindo pompom afro, não estavam apenas sujos — estavam uma confusão afro sem brilho e aterrorizante que seria dolorosa e demorada para tentar restaurar. O pijama que eu vestia tinha uma mancha dura e seca de leite na frente. Aquela mancha agia como um bom repelente de insetos, porque fedia como nada que eu já tivesse cheirado antes. Sentada diante do computador, eu chorava de uma exaustão tão completa que eu tinha certeza de estar VENDO o ar se mover em ondas azuis pelo quarto, enquanto ao mesmo tempo tentava escrever um diálogo para o filme que eu deveria ter entregado um mês antes.

Isso é o quanto eu fui burra. Adotei um bebê e mesmo assim concordei em entregar um roteiro para um filme *um mês* depois.

Se você não tem filhos, acredite em mim: ISSO VAI ALÉM DA BURRICE.

Mais tarde, ainda naquela noite, Christopher chegou. Esse é o Chris nº 2 — não o meu assessor de imprensa. Esse Chris e eu fomos colegas de quarto há centenas de anos, quando ambos éramos duros e passávamos dificuldade. Agora ele é um advogado com uma esposa e um lindo filho. Eu fui madrinha do casamento dele. Chris é padrinho de Harper, e ele leva esse trabalho muito a sério. Todo domingo, durante os últimos doze anos, ele aparece em minha casa para passar um tempo com a afilhada. Todo. Domingo. Ele se casou em um sábado e, no dia seguinte, estava na minha porta. Eu disse a Chris que não viesse, mas ele me disse que era domingo em um tom de voz que não permitia discussão. Ele não é apenas um amigo — é da família.

Quando Chris nº 2 chegou naquela noite, me olhou uma vez e tirou o bebê de meus braços. Chris me deu aquele sorriso que se dá a uma pessoa que tem olhos insanos, inquietos. Ele também deu um passo largo para trás por causa do meu cheiro.

— Vá tomar um banho. Harper e eu vamos assistir à ESPN.

Quando acordei, uma hora depois, ainda estava no chuveiro; a água, já fria, me fazia tremer. Pensei: "Preciso de ajuda. Preciso contratar ajuda. Preciso contratar muita ajuda. Ou vou perder o emprego, e a criança e eu vamos morrer de fome. Preciso contratar ajuda ou não vou conseguir."

E subitamente pensei em minha amiga.

Pensei no que tinha dito a ela.

Mãe ferida, mãe ferida.

Pensei no que tinha feito com ela.

Eu a envergonhei.

Todas nós aprendemos a envergonhar e a ser envergonhadas. E por que não nos sentiríamos envergonhadas? Como poderíamos não nos sentir envergonhadas?

Não devemos ter ajuda alguma. Devemos fazer tudo sozinhas. Mesmo que estejamos trabalhando. E, se você tem filhos e recebe ajuda para cuidar deles...

VERGONHA.

O que é simplesmente... cruel.

E machista.

Caterina Scorsone (que por acaso também interpreta Amelia Shepherd em *Grey's Anatomy* e em *Private Practice*) e eu passamos muito tempo discutindo esse assunto.

"Nenhum homem *jamais* precisou se desculpar por ter ajuda para cuidar da casa e dos filhos. *Jamais*. Por que nós precisamos?", observa ela, frequentemente.

Ela está certa. *Por que nós precisamos?*

Vamos todos nos lembrar de que, para a *maioria* das mulheres, ficar em casa não é uma opção. A maioria das mulheres precisa trabalhar. A maioria das mulheres, a não ser que sejam ricas ou financeiramente auxiliadas por outra pessoa, precisa trabalhar. Historicamente, as mulheres sempre precisaram trabalhar. Mulheres trabalharam no campo. Mulheres eram empregadas. Mulheres criavam filhos de outras mulheres. Mulheres eram enfermeiras. Mulheres trabalhavam em fábricas. Mulheres eram secretárias. Costureiras. Telefonistas.

A diferença é que, no passado, as pessoas moravam mais perto de suas famílias. Sua mãe cuidava de seus filhos. Sua tia tomava conta deles. Sua irmã. Sua prima Sue. Para algumas pessoas, isso ainda é uma realidade. Para a maioria das pessoas... é necessário receber ajuda. E a crise da educação infantil nesse país é brutal. E assustadora. E cara. É muito com que lidar. Aposto que você tem dificuldades para fazer tudo, se sentir bem a respeito disso e ainda fazer dar certo.

Não ajudaria ninguém pegar este livro e ler que eu alegremente coloco uma criança sorridente em cada braço e saltito para o escritório, onde dirijo dois programas e produzo mais dois enquanto desenvolvo outros e gargalho e gargalho tomando champanhe com celebridades enquanto todos comemos pilhas de comida e jamais engordamos um quilo...

Nunca, *jamais* ajuda pensar que o cabelo da Whitney é *real*.

Não deixem mãe alguma para trás, soldados. E mesmo *com* ajuda... Ainda estou nas trincheiras. Ninguém tem a solução para essa coisa.

Mas não *parece* que todos encontraram a solução?

Não sei quanto a você, mas me incomoda pensar que não estou à altura. Eu me preocupo constantemente e imagino e me sinto como se estivesse fracassando porque, para todo lugar que olho, todos parecem se dar bem. As mulheres ao meu redor estão sorrindo e os filhos delas sorriem e as casas delas parecem limpas e tudo parece tão bom no Pinterest, no Instagram e no Facebook...

Não sou uma das mães do tipo "tudo está ótimo". Sou do tipo "mal me aguento".

Sou uma confusão de mãe.

Já usei pijama para deixar as crianças na escola.

Pijama sujo.

Há muito, muuuuito tempo, em uma das escolas que minha filha — ainda bem — não frequenta mais, eu estava naquela reunião de volta às aulas que todas as escolas americanas têm no fim do verão. Depois que a diretora nos deu as boas-vindas de modo caloroso e animado, ela convidou a chefe da Associação de Pais e Professores ao palco. A chefe da APP era uma das mães da escola. Uma mãe. Uma mãe exatamente como qualquer outra, se qualquer outra mãe fosse alta, linda, inteligentíssima e — preciso dizer — praticamente perfeita em todos os sentidos.

A Mãe Perfeita da APP muito alegremente começou a nos contar sobre as regras para a venda de doces às sextas-feiras, da qual era esperado que todos participássemos. (Agora, por que estávamos entupindo nossos filhos com guloseimas assadas açucaradas e por que estávamos *vendendo* essas guloseimas para eles, com a finalidade de angariar fundos, quando a mensalidade da escola já me fazia estremecer involuntariamente sempre que eu pensava a respeito... Era algo que estava além de minha compreensão. Mas o fato é que havia uma venda de doces semanal e todos precisávamos participar. Porque a Mãe Perfeita da APP mandou).

— Por fim — concluiu essa mãe da APP —, só para não termos problemas como no ano passado, quero ser clara: todos os doces devem ser caseiros, algo que você faz com seu filho. Assim é muito melhor.

Naquele momento, talvez fosse a mulher do Centro-Oeste americano em mim.

Ou o bom senso em mim.

Ou a confusão materna em mim.

Foi alguma coisa.

Antes que eu sequer soubesse o que estava acontecendo, minha boca se abriu e eu estava falando em uma voz que fluía alta e clara pelo auditório.

— *Porra*, tá de sacanagem?!

Muito alto. ALTO. AAAAALTOOOO.

Cabeças se viraram em minha direção. Tente ser *essa* mãe na escola de seus filhos. Eu nem mesmo sabia que tinha isso dentro de mim. Mas eu o fiz. Fiquei irritada. Me senti insultada.

Tenho um emprego que consome meu tempo. Um emprego que amo. Um emprego que amo e que não trocaria por nada no mundo. Mas ser escritora invade meu cérebro 24 horas por dia. Eu sonho com os programas. O emprego tira coisas de mim de formas que jamais esperei. Mesmo assim, sou devotada a ele. À adrenalina, a montar os trilhos, ao *trabalho*.

Eu *trabalho*. Tenho um emprego.

Pessoas com empregos não costumam ter tempo para assar bolos.

"Mas ser mãe *também* é um emprego, Shonda."

Posso ouvir alguém lendo este livro e dizendo essas palavras agora mesmo.

Sabe o que respondo a isso?

NÃO.

NÃO É.

Ser mãe não é um emprego.

Pare de atirar coisas contra mim.

Sinto muito, mas não é.

Acho ofensivo para a maternidade chamar "ser mãe" de emprego.

Ser mãe *não é* um emprego.

Ser mãe é quem a pessoa é.

Ser mãe é quem eu sou.

Você pode deixar o emprego. Eu não posso deixar de ser mãe. Sou mãe para sempre. Mães jamais tiram folga, mãe jamais tiram férias. Ser mãe nos redefine, nos reinventa, nos destrói e reconstrói. Ser mãe nos coloca cara a cara com nós mesmas quando crianças, com nossas mães como seres humanos, com nossos medos mais profundos de quem realmente somos. Ser mãe requer que tomemos jeito, ou arriscamos estragar outra pessoa para sempre. Ser mãe arranca nossos corações dos corpos e os prende a nossos minúsculos humanos, e os lança ao mundo, para sempre reféns.

Se tudo isso acontecesse no trabalho, eu teria pedido demissão cinquenta vezes. Porque não há dinheiro no mundo. E meu emprego não me paga com o cheiro da cabeça do bebê e com o leve peso de uma criança sonolenta e carinhosa no ombro. Ser mãe é incrivelmente importante. Para quem discorda, eu rosno: não *diminuam* isso ao chamar de emprego.

E, por favor, nem mesmo tente me dizer que é o trabalho mais importante que já terei para me convencer a ficar em casa com meus filhos o dia todo.

Não.

Talvez eu soque seu nariz.

O trabalho mais importante para uma mulher que tem aluguel, prestação do carro, contas a pagar e precisa de comida é um que dá dinheiro a ela para manter a família viva.

Vamos parar de tentar cair na indulgência da porcaria do culto da dama mitológica que faz com que ser mãe pareça trabalho.

Ficar em casa com seus filhos é uma escolha incrível a se fazer. E será incrível e admirável se você a fizer. Bom para você.

Ser mãe ainda acontece se você não ficar em casa com seus filhos. Ainda acontece se você conseguir um emprego e for trabalhar. Acontece se você for do exército e for alocada para outro continente e seu filho ficar com os avós.

Ainda será mãe.

Ainda não será um emprego.

Trabalhando ou ficando em casa, ainda se é mãe.

Um "não" é melhor do que outro. Ambas escolhas merecem o mesmo respeito.

A maternidade ainda é igualmente dolorosa, desafia a morte e é difícil de qualquer jeito.

É, sim.

Vamos todos largar as armas por um minuto, tudo bem?

Talvez você ache que é importante para o crescimento pessoal de seu filho assar pratos em sua casa. Mais poder para você, irmã.

Vou defender seu direito de assar seus brownies, vou marchar por seu direito de assar em casa o que bem quiser. Mas vou tirar meus brincos e pedir que alguém segure minha bolsa para a agressão verbal em que precisaremos entrar caso você tente me dizer que preciso definir *minha maternidade* da mesma forma que a sua.

Há espaço o suficiente para todos aqui.

A barraca da maternidade é bem grande.

Se eu quiser comprar meus brownies na Costco e deixá-los em uma sacola de papel marrom amassada, ainda enrolados no recipiente de plástico e alumínio com a etiqueta laranja do preço colada, adivinhe só?

É isso o que vai acontecer.

Tomem essa, julgadores.

Não estou dizendo para você fazer dessa forma. Vá cozinhar até *se acabar*. Mas todos precisamos reconhecer que nosso modo não é *o* modo.

Eu julguei seus cupcakes de chocolate perfeitamente preparados, quentinhos, com calda dupla e cobertura batida à mão? Julguei o lindo recipiente para cupcakes com monograma e o avental combinando impecável que você está usando?

Não, não julguei.

Porque você é uma irmã.

E também porque vou comer todos os seus cupcakes.

Olhe, sou dedicada às minhas filhas. Profundamente. Mas minha devoção não tem nada a ver com guloseimas preparadas em casa. Não tem nada a ver com fazer qualquer tipo de demonstração pública de grandiosidade maternal. Porque — você me conhece a esta altura — demonstrações públicas de qualquer tipo de grandiosidade jamais acontecerão para mim. Sou devotada a conhecer minhas filhas, a ler livros com elas, a ouvir as histórias que elas me contam e às conversas que temos. A torná-las cidadãs do mundo. A criar seres humanos fortes e feministas que amam e acreditam em si mesmos. Isso já é difícil o suficiente para mim sem precisar entregar guloseimas caseiras na escola em uma sexta-feira.

Jamais trançarei perfeitamente as marias-chiquinhas de ninguém. As roupas de ninguém serão passadas. Lavadas, sim. Passadas? Não por mim. Jamais faremos arte especial para todos os feriados, nem tiraremos fotos delas depois para colocar no Pinterest e no Facebook.

Nunca.

Jamais.

Eu sempre me ressentirei das atividades maternais que acontecem às terças, 11 horas da manhã. Como se as mães com empregos não fossem valorizadas ou bem-vindas.

E sempre gritarei "Porra, tá de sacanagem?!" na reunião da APP se você me disser que os brownies precisam ser feitos em casa.

Já estou no meio de uma Guerra Mundial das Mães, e é contra minha pior inimiga: eu mesma. Não preciso de outra guerra contra você. Aposto que você também não precisa de uma.

Stacy McKee (que é uma das novas roteiristas-chefe em *Grey's Anatomy*, mas começou bem lá atrás, no início, como assistente de produção) é o tipo de mãe que faz artesanato com os filhos e coloca fotos deles no Pinterest e no Instagram. Ela trabalha muitas e árduas horas mas, mesmo assim, quando você entra no escritório dela, ela está falando de roteiros e histórias, enquanto coloca miçangas com cola quente em uma capa de princesa para a filha. Eu sempre enrugo a testa e pergunto por que diabos ela está fazendo aquilo. Por quê? Ou por que ela está delicadamente pintando paisagens em ovos de Páscoa? Ou por que está fazendo uma imensidão de coisas artísticas loucas e incríveis pelos filhos? Pelo amor do vinho, por quê?

Stacy franze a testa de volta para mim, igualmente confusa.

— Por que eu não faria? — diz ela.

Você entende? Stacy AMA fazer essas coisas. Ela provavelmente as faria mesmo que não tivesse filhos. Ah, espere. Eu a conhecia quando não tinha filhos e ela as FAZIA. Stacy certa vez passou dias fazendo representações vívidas de todos os personagens de *Grey's Anatomy* com escovas de limpar canos.

ESCOVAS DE LIMPAR CANOS.

A questão não é mãe trabalhadora *versus* mãe que não trabalha. Trata-se de pessoas que amam pregar miçangas com cola quente em capas *versus* pessoas que não sabem o que é uma pistola de cola quente.

E nem é isso.

Trata-se de pessoas que não usam cola quente presumirem que as pessoas que usam as estão julgando, e vice-versa. Talvez não comece com suas armas em punho. Talvez aquela Mãe Perfeita da APP nem mesmo percebeu que brownies feitos em casa poderiam ser difíceis. Talvez, em vez de gritar as obscenidades a respeito de brownies feitos em casa, fosse melhor eu me levantar e comentar gentilmente que nem todos têm tempo ou capacidade de fazer brownies.

E, se você receber em troca uma atitude condescendente, *aí, sim*, grite as obscenidades.

Recentemente, na nova pré-escola de Emerson, fui encarregada de levar o bolo para a festa do fim de ano. Tive sorte e encontrei uma padaria que reproduz fotos em bolos. Não sei como fazem isso, e também pouco importa. Fiz o pedido na padaria e apareci na festa com meu incrível bolo comprado fora. O rosto de todas as crianças sorria ao ver a foto na parte superior. Todos fizeram "ooooh" e "aaaah". Eu me senti vitoriosa. De uma forma doentia, competitiva, que me impede de jogar Scrabble, que me faz ser expulsa de jogos em equipes e me faz ser fabulosamente maternal. Eis que alguém me perguntou onde estava o cortador do bolo.

Eu levei o bolo.

Mas não levei nada para cortar o bolo. Ou pratos nos quais comer o bolo. Ou qualquer talher.

Na outra escola, isso poderia ter sido um conflito internacional para mim. As coisas poderiam ter saído do controle para níveis nucleares. Arsenais teriam sido esvaziados.

Mas agora, nessa escola?

Eu disse:

— Humm, o bolo é tão lindo.

E recebi uma gargalhada. Uma gargalhada amigável.

Alguém sorriu e disse:

— Não tem problema. Tenho algumas coisas para cortar bolo!

E todos simplesmente seguiram em frente. O bolo foi servido. O bolo foi consumido. Todos anotaram o nome da padaria. E foi isso.

Essas mães não deixam mãe alguma para trás.

Eu adoro estar lá.

Não acho que elas sejam diferentes das mães na outra escola. Mas eu estou diferente. Todas as mães eram ótimas o tempo todo. Eu só não conseguia ver. Agora, não estou mais em busca de uma inimiga. Logo, não vejo mais a inimiga.

Por fim, este ano, vou me permitir largar as armas de vez.

Quando um repórter ligar aquele gravador, sorrir e fizer as Grandes Perguntas, não chamarei as tropas. Não erguerei os escudos.

Vou me permitir ser vista.

— Como conciliar trabalho e casa? Que dicas têm para as mães que trabalham? Qual é o seu segredo para encontrar equilíbrio em um mundo atribulado?

Sim, eu posso responder agora.

Não é cola quente.

Não são bolos caseiros.

Não é lavar roupa tarde da noite.

Não deixe mãe alguma para trás.

— Jenny McCarthy. Para fazer tudo, eu tenho Jenny McCarthy.

Eu me sinto muito bem.

É claro que o repórter sai profundamente confuso com o motivo pelo qual Jenny McCarthy parece ter um papel tão proeminente em minha vida.

Mas não me importo.

Aceno a bandeira branca.

Há vitória em se render.

Abaixem o babyliss, irmãs.

A Guerra das Mães acabou.

7

Sim para diversão e nenhum trabalho

Conforme o Ano do Sim começou a prosseguir, algo aconteceu.

Fiquei mais ocupada.

E mais ocupada.

E mais ocupada.

Quanto mais eu dizia "sim" para coisas que me desafiavam, mais eu precisava sair de casa. Dizer "sim" havia transformado aquela pequena Shonda encasulada em uma grande borboleta social.

Peguei um avião para ver Kerry Washington apresentar o *Saturday Night Live*. Fui a festas particulares de pessoas incrivelmente interessantes. Fiz um evento para angariar fundos para o Comitê Democrático Nacional. Ajudei a oferecer eventos de caridade. Houve muitos prêmios naquele ano, porque agora não havia apenas um programa estrelado por uma mulher negra na quinta-feira à noite — havia dois. E todos os três programas da quinta-feira eram da Shondaland. Meu assessor de imprensa, Chris, sagazmente se aproveitava do fato de eu estar dizendo "sim" e marcava tantas entrevistas quanto conseguia espremer em meu calendário. Fiz minha primeira entrevista no *Good Morning America* com Robin Roberts. Fui com o elenco de *Scandal* para o *The View*. Fui fotografada por Annie Leibovitz. Fiz uma entrevista ao vivo diante de uma plateia no Smithsonian. Senti como se estivesse por toda a parte.

E estava. Por toda a parte, parecia. Menos em casa.

O que faz sentido. Todas as coisas que me desafiariam aconteciam fora de casa. Dentro de casa? Estava tudo bem.

Pelo menos eu achava que estava.

Quer dizer, eu ainda era uma bagunça de mãe. Ainda trabalhava demais. Ainda precisava de Jenny McCarthy para cuidar tanto das crianças quanto de mim. Ainda precisava de ajuda. Ainda não estava dormindo o suficiente.

Mas realmente achei que estava indo bem.

Exceto quando comecei a me sentir... irrelevante.

Em minha própria casa.

Eu voltava para casa e Emerson e Beckett me olhavam, acenavam e continuavam brincando. Como se eu fosse uma vizinha legal, vinda da casa ao lado. Harper me olhava com desdém quando eu perguntava de qual amigo ela estava falando, e eu percebia que havia perdido uma semana inteira de conversas — uma vida inteira para uma criança.

Então dei de cara com uma muralha emocional.

Certa noite, estava toda arrumada em um vestido de festa, cabelo e maquiagem perfeitamente feitos, diamantes emprestados reluzindo no pescoço e nos pulsos. Pronta para ir a algum evento ao qual eu tinha dito "sim". Conforme caminhei pelo corredor até a porta da frente, minha filha Emerson veio correndo até mim.

— MAMA!! — gritava ela, com as mãos esticadas. — Quer brincar?

Por uma fração de segundo, senti como se o mundo tivesse congelado. Como um daqueles filmes de ação, no qual tudo acontece em câmera lenta e depois gira — logo antes de o herói (porque, de alguma forma, nos filmes em que o tempo congela, a câmera segue lenta e tudo gira, SEMPRE há um homem) dar uma surra em alguém. Mas ali está Emerson, com seu único tufo de cabelo cacheado preso, em uma tentativa corajosa de fazer um rabo de cavalo no alto da cabeça de uma forma que a faz parecer o Piu Piu. Está congelada, depois se move na minha direção em câmera lenta, então a sala toda gira e consigo me ver: o vestido azul de baile, as mãos grudentas, a criança disparando pelo espaço até mim.

Ela me fez uma pergunta.

— Quer brincar?

Estou atrasada. Estou perfeita e elegantemente vestida. Carolina Herrera fez o vestido. Os sapatos que estou calçando são de algum tipo de renda azul-marinho que acho extremamente dolorosa, mas, nossa, estão lindos em mim. Quando eu subir ao palco, lerei o discurso engraçado, animado e comovente que escrevi para aquela noite em especial em homenagem a um amigo. Sei que será um momento especial, algo do qual a cidade provavelmente falará no dia seguinte. Meu telefone continua tocando repetidas vezes. É Chris, meu assessor de imprensa. Eu deveria mesmo estar chegando a essa altura. Mas...

— Quer brincar?

Ali está aquele rosto redondo. Olhos grandes e esperançosos. Tem lábios vermelhos como os do cupido.

Eu poderia me abaixar, pegar as mãos dela antes que me toquem. Dar um beijo carinhoso e dizer: "Não. Não, mamãe precisa ir, mamãe não pode se atrasar."

Eu poderia.

Estaria totalmente dentro dos meus direitos. Não seria a primeira vez. Não teria problema. Ela entenderia.

Mas naquele momento congelado, percebo algo.

Ela não me chamou de *Querida*.

Não está mais chamando a todos de *Querida*.

Está mudando. Bem diante de meus olhos. O bebê que estava no meu quadril no último feriado de Ação de Graças vai fazer 3 anos no próximo aniversário.

Estou perdendo.

E, se não tomar cuidado, ela vai ver minha nuca sair pela porta mais do que vê meu rosto ao entrar.

Então, naquela fração de segundo, tudo muda.

Tiro os dolorosos sapatos de salto. Fico de joelhos no piso de madeira, fazendo o vestido de baile se estufar para cima ao redor de minha cintura, como se fosse algum tipo de confeito azul-marinho. Vai amassar. Não importa.

— Quer brincar? — perguntou ela.

— SIM — respondo. — Quero, sim.

Seguro aquelas mãos grudentas nas minhas, e Emerson se joga em meu colo, rindo conforme o vestido esvoaça ao redor dela.

Quando chego no evento, 15 minutos atrasada, o vestido de baile azul-marinho está irreparavelmente amassado e carrego os saltos na mãos. Mas não me importo — há uma pérola quente de alegria em meu peito que me aquece de uma forma que esqueci ser possível. O pequeno fogo dentro de mim se reacendeu. Como magia.

Não nos deixemos levar.

É apenas amor. É só isso.

Nós brincamos. Emerson e eu. Beckett se juntou a nós, depois Harper. Houve muitas risadas. Fiz minha melhor leitura do melhor livro que já foi escrito: *Everyone Poops*, ou *Todo mundo faz cocô*. Fizemos também uma dancinha e inventamos uma versão disco da canção "Cabeça, ombro, joelho e pé".

Demos beijos grudentos. Beckett enfiou o dedo no meu nariz por curiosidade. Emerson apoiou a cabeça em meu peito e ficou até escutar meu coração. Então, ela me olhou com seriedade.

— Você ainda está viva.

Sim, estou.

Em dias como esse, ainda estou viva.

Terminamos nossa apresentação com aquela maldita música linda que Idina Menzel canta em *Frozen*, que exerce algum tipo de magia sobre todas as crianças. Assim, entrei no carro para ir ao evento. Feliz. Com aquela alegria morna dentro de mim. Sentindo-me fundamentalmente transformada. Como se soubesse um segredo que muito poucos podem descobrir.

Mas, na verdade, era apenas amor. Isso não é segredo.

É apenas algo que esquecemos.

Todos precisamos de um pouco mais de amor.

Muito mais amor.

Não sou uma pessoa naturalmente otimista. Estou muito concentrada em minha própria mente para ser uma fonte constante de ânimo. Preciso me esforçar para ser feliz. Meu cérebro gosta de se acomodar na área sombria e deturpada. Preciso me lembrar do que é bom e ser otimista, pensar no copo meio cheio neste mundo. E nada faz isso por mim melhor do que os rostos e as almas de meus pequenos seres humanos.

simsim**sim**sim**sim**sim**sim**sim**sim**sim**sim**sim

Naquela noite, chego em casa e começo o que chamo de a parte Mãe Solteira de Hollywood, que envolve obrigar a pessoa acordada mais próxima, com mais de 1,20 metro, a me libertar do vestido e dos acessórios íntimos nos quais minha equipe glamorosa me prendeu horas antes. Houve momentos em Nova York em que a tarefa recaiu sobre uma funcionária muito simpática do hotel. Algumas vezes, atores de meus programas me salvaram. Certa vez, em Martha's Vineyard, fui forçada a pedir ajuda ao cavalheiro mais velho e muito correto que havia sido meu motorista durante a tarde.

(Está me julgando? Estou vendo esse olhar em seu rosto. Ã-hã. O que eu disse no início deste livro? Bem, você definitivamente *não* vai chegar no meio do livro e me julgar. Eu precisava pedir ou passaria a noite toda dormindo em um vestido branco de festa.)

Dessa vez, felizmente, posso pedir à babá. Estou envolvida por um corselete, e assim que o ar flui de volta para todas as partes dos meus pulmões, coloco um roupão e enfio a cara entre as portas para olhar minhas filhas dormindo.

Enquanto olho para cada uma de minhas meninas, tomo uma decisão.

Sempre que Emerson ou Beckett ou Harper (do jeito dela) perguntarem: "Quer brincar?"

Sempre vou responder: *SIM.*

Sempre.

Porque, se preciso ter meu vestido retirado por uma estranha, deveria ao menos poder fazer algo de que gosto. Deveria ao menos poder ver aquele olhar feliz no rosto delas.

Receber um pouco mais de amor.

Então é o que faço.

Faço de verdade.

Quer brincar?

De agora em diante, a resposta será sempre "sim".

Largo o que estiver fazendo e vou brincar com minhas filhas.

É uma regra. Não. Fiz mais do que uma regra. Fiz uma lei. Um cânone. Um mandamento. É uma religião. Obediência severa a ela. Algo que pratico. Com fervor.

Imperfeitamente.

Mas fielmente.

Sem questionar.

Criar uma regra tão firme me permite me desvencilhar da pressão profissional que imponho sobre mim mesma. Saber que "não tenho escolha" significa que não sinto nenhuma culpa quando me afasto das tendências de *workaholic*. Não sinto remorso ao largar a bolsa e o casaco no chão conforme saio pela porta, para ir ao escritório, quando ouço aquelas duas palavras mágicas — *quer brincar?* Aquelas duas palavras me fazem tirar os sapatos e me sentar na minúscula mesa rosa para colorir um coelho ou brincar com a azarada boneca de um olho só, ou olhar para lagartos no jardim.

É difícil fazer uma criança ficar parada — se você tem filhos, sabe o que quero dizer. Lembro vividamente dos meus 12 anos. Às vezes imagino como meus pais não me mataram. Naquela idade, a existência dos pais não passa de uma vergonha. Obviamente, uma criança de 12 anos jamais vai dizer "Quer brincar?". Mas, com Harper, aprendi a procurar as palavras e os sinais que significam o mesmo. Se ela entrar em meu quarto à noite e se deitar em qualquer parte da minha cama, deixo o que estiver fazendo e dou atenção total a ela. Às vezes isso vale a pena. Às vezes, não. Mas passei a entender que deixá-la saber que estou disponível é mais importante do que qualquer outra coisa.

Além disso, descobri algo a respeito dessa garota alta e magricela que amo tanto, a ponto de às vezes ela precisar dizer "por favor, pare de me abraçar" para que eu pare: eu *gosto* muito dela.

Ela é *interessante*.

Eu a estou descobrindo. Ela é como um mistério interminável. Mal posso esperar para ver como ela vai se sair.

Pode ser diferente para você. Seu lugar feliz. Sua alegria. O lugar em que a vida parece mais boa do que não boa. Não precisam ser crianças. Minha parceira de produção, Betsy Beers, me diria que para ela esse lugar feliz é o cachorro. Meu amigo Scott provavelmente diria que para ele é passar o tempo sendo criativo. Você pode dizer que é estar com seu melhor amigo. Seu namorado, sua namorada. Um pai. Um irmão. É diferente para todos. Para alguns de vocês, pode até ser trabalho. E isso também é válido.

Esse "sim" diz respeito a se permitir mudar o foco do que é uma prioridade, de algo que é bom para você, o que faz você se sentir bem.

(Espere. Cocaína, não. Cocaína não é seu lugar feliz.

Risque todas as drogas da lista.

Estamos entendidos? Tudo bem.

Encontre um bom lugar feliz. Um lugar positivo.)

Mudei minhas prioridades. Meu emprego ainda é incrivelmente importante. Mas brincar com minhas filhas agora é *mais* importante do que meu emprego.

E, se a ideia de fazer isso o deixar nervoso, ansioso, o apavorar, faça com que você pense que eu sou uma idiota, você pode dizer:

"Isso é tudo muito bom para você, Shonda. Você é a chefe em seu trabalho, mas eu sou caixa de supermercado, então, por favor, me diga como posso dar as costas ao emprego e ainda alimentar minha família. Sua idiota da TV, com os sapatos de renda e os diamantes. Espero que sua tiara esmague seu cérebro para fora da cabeça."

Concordo.

Whitney Huston. Babyliss. Solidariedade.

Mas eis algo que espero que ajude. Eis algo que aprendi muito rápido: ninguém quer passar tanto tempo assim comigo. Nem com você. Sabe por quê?

Você não é a Taylor Swift.

Ou George, o Curioso.

Ou a Rihanna.

Ou os Muppets.

Digo isso de uma forma positiva. Uma forma ótima.

Quero dizer que você pode conseguir. Não importa o quanto esteja ocupado, o quanto sua vida pareça atabalhoada, muito possivelmente você irá conseguir, de algum jeito.

Emerson e Beckett só querem brincar comigo por 15 minutos antes de perderem o interesse e preferirem fazer outra coisa. São 15 minutos incríveis. Mas são 15 minutos. Depois de 15 minutos, não sou ninguém. Se não for um gafanhoto no jardim, um picolé ou *A lagarta comilona*, poderia muito bem ser uma árvore. Na maioria das vezes, Harper só quer falar comigo por 15 minutos também — às vezes menos. Dou conta dos 15 minutos... Dou TOTAL conta dos 15 minutos ininterruptos, mesmo no meu pior dia.

Ininterrupto é a chave: nada de celular, nada de lavar roupa, nada de jantar, nada. Você tem uma vida ocupada. Precisa colocar o jantar na mesa. Precisa se certificar de que elas façam o dever de casa. Precisa obrigá-las a tomar banho. E você dá conta desses 15 minutos.

Embora eu estivesse chocada por descobrir que esse compromisso do Sim para a Brincadeira realmente tomava pouco tempo e o quanto era fácil incorporar isso ao meu dia a dia, a questão ia além: o mais difícil era o que isso me forçava a encarar sobre mim mesma.

Descobri que aquele antigo clichê é verdade: as pessoas fazem o que gostam. Eu trabalho porque gosto de trabalhar — e sou boa nisso, dá certo para mim, é minha zona de conforto. Encarar o fato de que eu estava mais confortável com a equipe do estúdio do que em um balanço foi incrivelmente difícil de *lidar*. Que tipo de pessoa se sente mais confortável trabalhando do que relaxando? Bem... eu. Esse "sim" exigiu que eu mudasse. Para uma perfeccionista que trabalha duro, só tira notas altas e é obsessiva, é um desafio difícil saltar para um estilo de vida que requer largar tudo para... *brincar*.

Como falei, minhas primeiras lembranças são de imaginar dentro da despensa. Conforme fui ficando mais velha, passei a preferir a biblioteca a qualquer outro espaço de brincadeira, os livros a qualquer outra companhia. Quando era forçada a ir para o lado de fora, para tomar ar fresco e luz do sol, pegava um livro e o enfiava na parte de trás da calça, para esconder o contrabando. Subia no salgueiro do quintal e lia até minha mãe permitir que eu voltasse. Brincar...? Não me lembro de brincar de verdade...

Minha babá, Jenny McCarthy, observa tudo isso se desenrolar com um olhar sério. Ela me observa soltar as malas e me abaixar no chão, desconfortável e sem jeito. Ela oferece sugestões.

— Vocês deveriam brincar com os blocos.

— E se pintassem um pouco?

Jenny McCarthy está silenciosamente me guiando. Ela me ensina a brincar. Ensina à rígida e introvertida *workaholic* dentro de mim o que significa brincar para aqueles que estão do lado de fora das portas da despensa, fora das prateleiras da biblioteca. Ela me ensina a me aproximar e me conectar com aquelas pequenas extrovertidas tão diferentes de mim.

Sinto como se eu fosse algum tipo de alienígena. Jamais estive nesse planeta. Aprendendo como é o mundo. Jenny McCarthy me mostra como viver. Por meio daqueles minúsculos seres de carma, enviados pelo universo a me ajudar a jogar a pedra para longe da porta da minha caverna e me atirar ao lindo e brilhante sol.

E sou grata.

Corremos pelo jardim. Para cima e para baixo e para cima e para baixo. Temos festas de trinta segundos na cozinha. Cantamos músicas de programas de TV. Brincamos de boneca e marionetes e fazendas da Fisher-Price.

São as bolhas que dão conta de tudo.

Estou sentada no jardim, soprando séries intermináveis de bolhas de sabão para as meninas. As bolhas preenchem o ar; estou com tudo, soprando o mais rápido que posso para criar um mar de bolhas ao redor do rosto delas. Elas gritam, estouram e sentem o gosto das bolhas, perseguem as bolhas. Beckett corre até mim e pressiona o corpo contra o meu. Ela tem aquele leve cheirinho almiscarado de criança suja. Para mim sempre tem o cheiro de...

— Vocês têm cheiro de filhotinhos! — eu digo a elas.

E, subitamente, uma pintura volta para a minha parede:

Minha mãe está no quintal cuidando das rosas enormes e redondas. O sol acaba de se pôr. Minha irmã Sandie e eu estamos apostando corrida pelo quintal, cada uma com um frasco de conserva, tentando pegar vaga-lumes. Gritando e perseguindo vaga-lumes, pegando-os, encarando-os, nossos rostos brilhando à luz deles. Assim que minha mãe nos chama para dormir, abrimos os frascos e soltamos os vaga-lumes no ar noturno.

"Vocês têm cheiro de filhotinhos", diz minha mãe, gargalhando ao nos colocar para dentro.

Agora minha memória está corrigida. Eu costumava brincar. Quando tinha aquela idade. Eu brincava. Eu era feliz. Eu gostava. Eu tinha cheiro de filhotinhos. Eu era uma festa de filhotinhos.

Eu brincava.

Não sei por que parei.

De repente, começo a *me* perguntar a mesma coisa que as crianças me perguntam: *quer brincar?*

Sim. Sim, quero.

Mas, para fazer isso, sei que preciso fazer mudanças de verdade.

Crio uma regra de que não trabalharei aos sábados ou domingos, a não ser que seja uma emergência ou que tenha filmagem. Sou culpada por trabalhar direto em muitos fins de semana para "me adiantar". Não existe isso. O trabalho sempre estará lá no dia seguinte.

Mudo o fim da minha assinatura de e-mail para que agora ela informe: **"Favor observar: Não verificarei e-mails de trabalho após as 19 horas ou nos fins de semana. SE SOU SUA CHEFE, POSSO FAZER UMA SUGESTÃO? LARGUE O CELULAR."** Então, faço o que parece impossível: *paro mesmo de responder e-mails que chegam depois das 19 horas.* Preciso desligar meu celular para fazer isso. Mas faço. Tenho pessoas incrivelmente talentosas trabalhando para mim e que comandam nossos sets. Aprender a recuar e deixar que essas pessoas tenham o prazer de fazer o trabalho delas sem que eu as supervisione foi ótimo tanto para elas quanto mim.

Faço a promessa de voltar para casa até as 18 horas toda noite para jantar. Se um problema acontecer no trabalho, posso encontrar uma forma de voltar para casa, das 18 às 20 horas ficar com as crianças e, somente depois ir para o computador e trabalhar de casa. Tecnologia deveria tornar isso cada vez mais fácil.

Não sou perfeita nisso.

Na verdade, fracasso tanto quanto sou bem-sucedida. Mas o que sei agora é que esse tempo afastada está me ajudando a reacender aquela pequena faísca dentro de mim, está ajudando minha criatividade e, a longo prazo, me ajudará a escrever as histórias que meu trabalho precisa que eu escreva. Eu dou a mim mesma a permissão de ver esse tempo como essencial. É difícil. É difícil sentir como se eu merecesse qualquer tempo para reabastecer o poço, quando sei que todas as outras pessoas também estão trabalhando duro. Porém, de novo, Delorse está em minha cozinha:

"Shonda, o que acontece se você adoecer? O que aconteceu daquela vez em que deu um jeito nas costas? Daquela vez em que teve uma gripe?"

Não gostamos de falar disso no trabalho. É como tentar o destino. Mas Delorse quer dizer que, quando eu caio, o programa cai. Se eu cair, em algum momento as coisas em Shondaland irão parar. Porque aquela montagem de trilhos precisa acontecer. As histórias se originam em meu cérebro. E, se não puderem sair do meu cérebro, ninguém pode sequer começar a montar trilhos. E, se os trilhos não puderem ser montados, o trem não pode andar. É o mesmo com Kerry Washington, Viola Davis, Ellen Pompeo — se uma delas cair, o programa também cai. As câmeras não podem seguir sem elas. Isso faz com que seja incrivelmente essencial manter a boa forma.

Ellen, que parece ter mais energia e determinação do que qualquer pessoa que já vi, disse uma vez que fazer 24 episódios para um canal é como correr uma maratona 24 vezes. Desde a primeira temporada, ela se cuida como uma atleta em treinamento. Ellen acredita que, para fazer o trabalho dela, é necessário se cuidar — por dentro e por fora. A abordagem de Ellen se torna minha inspiração. Decido que talvez esteja na hora de começar a pensar o mesmo a respeito do meu emprego. Para mim, isso quer dizer que, se trilhos serão montados, preciso de tempo para brincar.

Quer brincar?

Em casa até as 18 horas. Nada de telefone depois das 19 horas. Tentar não trabalhar nos fins de semana.

Então expando isso.

Quer brincar?

Uso como uma forma de me permitir procurar confortos que não me permitiria normalmente. "Quer brincar?" Começa a se tornar um atalho para me mimar de formas que eu havia esquecido.

Manicure? Pedicure?

Quer brincar? SIM.

Um longo banho de banheira ao som de Aretha Franklin no último volume, para que ninguém me ouça cantar?

Quer brincar? LÓGICO QUE SIM.

Uma taça de vinho e um pedaço de chocolate e 15 minutos de silêncio sem culpa com a porta fechada?

Quer brincar? Por favor, mantenha a voz baixa, mas... sim.

Quinze minutos, digo. O que pode estar errado em me permitir atenção total por apenas 15 minutos?

Quer saber?

Nada.

Quanto mais eu brinco, mais feliz eu fico no trabalho. Quanto mais feliz estou no trabalho, mais relaxada eu me torno. Quanto mais relaxada eu me torno, mais feliz fico em casa. E fico melhor nas brincadeiras com as crianças.

Realmente, é apenas amor.

Todos precisamos de um pouco mais de amor. De muito mais amor.

Pelas crianças. Por mim.

Esse é o melhor SIM.

Quer brincar?

8

Sim ao meu corpo

Eis algo que eu talvez tenha me esquecido de mencionar.

Quando decidi começar meu Ano do Sim?

Aquela noite em que decidi começar a dizer "sim" para as coisas que me assustam? Aquela noite sobre a qual já contei, em que estava deitada no sofá, segurando uma taça de vinho e encarando minha árvore de Natal?

Sou gorda.

Não rechonchuda e fofinha. Ou uma bela *plus size*.

Não sou arredondada nos quadris.

Não tenho tudo em cima no bumbum.

Não sou voluptuosa.

Não tenho *pa-pow* e *ba-bam* em todos os lugares certos.

Não sou curvilínea, como na época da faculdade.

Se fosse curvilínea, pode apostar que eu usaria algo bonitinho e justo e desafiaria você a fazer algum comentário.

Mas não é isso o que acontece.

Não.

Sou gorda.

Sou obesa.

Estou do maior tamanho que já tive a vida inteira.

Sou tão gorda que me sinto desconfortável comigo mesma. Tão gorda que tenho a experiência surreal de me ver de relance no espelho e me perguntar com sincera confusão: "Quem é essa?" Leva mesmo alguns segundos para que meu cérebro entenda, para que eu perceba, chocada, que estou olhando para o meu reflexo. A estranha sou eu. Estou me encarando, encapsulada em muitos, muitos quilos a mais de gordura. Tantos que tenho medo de subir na balança.

Estou *imensa.*

Mas essa não é a questão.

Sou imensa.

Mas, mais importante...

... Eu *me sinto* imensa.

Essa é a questão.

Veja bem. Não vou receber ordens sobre que tamanho vestir. Não me importo com as críticas de mais ninguém a respeito de meu corpo. Não estou interessada nas ideias de mais ninguém sobre como deve ser minha aparência.

Acredito que o corpo é unicamente da pessoa, e todos têm o direito de amar o próprio corpo, não importa o tamanho, o formato e a embalagem em que venha. Lutarei pelo direito de qualquer um de poder fazer isso. Vou espancar pessoas e anotar nomes se precisar. O seu corpo é seu. O meu corpo é meu. Nenhum corpo deve estar exposto a comentários. Não importa se pequeno, grande, curvo ou reto. Se você se ama, então eu amo você.

Mas a questão não é me amar.

Eu não me SINTO bem.

E, embora parte de mim diga isso emocionalmente, a maior parte de mim sente isso fisicamente.

Eu não me SINTO BEM.

Meus joelhos doem. Minhas articulações doem. Descubro que o motivo pelo qual estou tão cansada o tempo todo é porque tenho apneia do sono. No momento estou tomando remédios para pressão alta.

Não consigo me sentir confortável.

Não consigo tocar os dedos dos meus pés.

Meus dedos do pé são *intocáveis.*

Preciso comer uma fatia de bolo para lidar com essa descoberta.

Estou uma bagunça.

Não sei como isso aconteceu.

Sei, sim.

Lembra-se quando falei que as mulheres da minha família ganharam na loteria genética? Aquele prêmio que significa que jamais pareceremos mais velhas do que adolescentes cansadas? Parece que existe também uma Mega-Sena metabólica — mas apenas para METADE das mulheres da família. Minhas irmãs Delorse e Sandie têm a grande sorte de não apenas aparentarem ter 14 anos, mas também de poderem comer metade de uma vaca em uma refeição e jamais parecerem mais gordas do que, bem, UMA JOVEM DE 14 ANOS. Eu, por outro lado, não acertei esses números. A gordura corre até mim e pula no meu corpo e se agarra a ele. Como se soubesse que encontrou seu lar. Como se quisesse estar com seu povo.

Lutei contra o peso a vida inteira. Sempre pareceu injusto. Sempre foi uma luta horrível. Depois de um tempo, decidi que não valia a pena. Então parei de lutar. Parei de passar fome. E me acomodei com o que parecia um peso não muito pesado, apenas não magrinho. O *plus size*. Gostosa. Cheia de curvas. Definitivamente bonita. Uma bela bunda. Eu era saudável. Estava malhando. Não pensava muito no corpo mesmo.

Então... perdi o controle.

Não me pergunte exatamente quando. Não tenho certeza.

Mas sei que coincidiu com fechar lentamente todas as portas da vida. Com dizer "não" às coisas. Com me isolar.

E eis a questão. Não senti como se isso estivesse acontecendo de verdade.

Quer dizer, tinha muita coisa acontecendo.

Eu tinha desculpas excelentes para perder o controle.

Decidi congelar meus óvulos. Aqueles dentro de meu corpo. Bebês. Sim! O milagre da vida. Para congelar seus óvulos, você precisa se injetar alguns hormônios. Agora, se você é uma pessoa naturalmente magra, você continua magra. Mas, se você for como nem eu... não será tão simples assim.

Então, do nada, precisei fazer uma pequena cirurgia. O que me fez dizer: "Melhor parar com toda essa ginástica. E talvez deitar aqui neste sofá para me recuperar."

Hã... A cirurgia foi no meu olho.

E daí?

Qual é seu objetivo?

Não importa que a cirurgia tenha sido em meu olho. Meu OLHO precisava se recuperar. Mas, quando ele melhorou, aquele sofá meio que precisava de mim. Não parecia *tão* importante voltar à ativa. Além do mais, havia boas séries na TV.

Ah, sim. TV. Eu tinha um emprego. *Grey's Anatomy.* Aí eu passei a ter dois empregos: acrescentei *Private Practice.* Aí passei a ter três empregos: acrescentei *Scandal* àquelas séries. E, assim que me despedi de *Private Practice*, começamos a produzir *How to Get Away With Murder.* Quanto mais séries eu tinha, mais eu podia ser encontrada à mesa ou no sofá de alguma sala de edição. Mais eu podia ser encontrada sentada. Quanto mais eu me sentava, menos eu me movia.

Quanto menos eu me movia?

Não me faça dizer...

E as séries estavam indo tão bem. Aquilo parecia uma piada cruel. Se algo tivesse dado errado, a ironia seria que eu teria tempo de ir para a academia. Eu teria tido tempo de descansar. Teria tido tempo de me cuidar. Pelo menos essa é a história que contei a mim mesma. Mas nada foi cancelado. Eu estava indo bem. Estava indo mais do que bem.

É incrivelmente raro que uma série tenha sequer três temporadas, e àquela altura as séries que eu tinha criado tinham, todas, chegado até pelo menos a quinta.

Shondaland havia se tornado uma marca. O estúdio esperava que produzíssemos mais séries. A emissora esperava que eu mantivesse a qualidade daquelas atualmente no ar. Agora eu era dona de uma noite inteira da propriedade mais cara da televisão. TGIT tinha tomado conta das mídias sociais. Todos ao meu redor pareciam comprometidos. Muito comprometidos. Comecei a ter pesadelos com cancelamentos.

Delorse e Jenny McCarthy ficavam em cima de mim, com medo de que minha criatividade fosse afetada pelo estresse. Elas não entendiam — minha criatividade era o único lugar em que eu jamais sentia estresse. Criar mundos, personagens, histórias sempre foi onde eu me senti mais à vontade. Com o quadro branco de um episódio diante de mim, eu entrava em uma zona de segurança tranquila. Sentia o *zum*. Fazer televisão para mim é... felicidade. Posso inventar coisas da mesma maneira como outras pessoas podem cantar — simplesmente sempre fui capaz de acertar todas as notas. No fundo, uma série é apenas uma despensa maior. Então, não estava preocupada com escrever as séries ou realizá-las.

Eu estava preocupada com as expectativas crescentes. Eu estava preocupada com os riscos.

Ah, sim. Talvez eu devesse mencionar: há riscos, e, minha nossa, eles são *altos*.

Conforme as séries iam se tornando mais populares, eu passei a ficar profunda e dolorosamente ciente do que estava em risco. Sorria, me recusava a responder à pergunta, me fazia de desentendida quando os repórteres me perguntavam sobre raça. Mas não se pode ser um negro nos Estados Unidos e *não* saber o que é isso.

Aquela não era apenas a minha chance. Era a *nossa*.

Eu precisava fazer tudo direito. Precisava manter as coisas visíveis. Precisava correr até o alto da montanha. Não podia descansar, não podia falhar, não podia tropeçar, não podia desistir. Fracassar em chegar ao topo não era uma alternativa. Seria maior do que um fracasso pessoal. Estragar tudo ecoaria durante décadas. Dar a uma mulher afro-americana a própria série, com um elenco que parecia o mundo real, como foi o caso de *Grey's Anatomy*, podia significar que havia sido um erro. Provei que não havia.

Os riscos ficaram ainda maiores com *Scandal*. Se o primeiro drama de uma emissora com uma protagonista afro-americana em 37 anos não tivesse público, quem sabe quanto tempo levaria para que outro surgisse? O fracasso significaria que duas gerações de atrizes talvez precisassem esperar por mais uma chance de serem vistas como mais do que coadjuvantes.

Sou o que passei a chamar de P.U.D. — Primeira. Única. Diferente. Somos um clube muito seleto, mas há mais de nós por aí do que você imagina. Nós nos reconhecemos imediatamente. Todas temos o mesmo olhar exausto. Aquele olhar de quem deseja que as pessoas parem de achar incrível que possamos ser ótimas no que fazemos mesmo sendo negras, asiáticas, mulheres, latinas, homossexuais, paraplégicas, surdas. Mas, quando se é um P.U.D., você está atado àquele fardo de responsabilidade a mais — queira você ou não.

Quando criei minha primeira série, fiz algo que senti ser perfeitamente normal: no século XXI, fiz o mundo da televisão parecer o mundo real. Eu o enchi de gente de todas as cores, todos os gêneros, todos os passados e todas as orientações sexuais. Então fiz a coisa mais óbvia possível: *Escrevi todos eles como se fossem... pessoas.* Pessoas negras levam vidas tridimensionais, têm histórias de amor e não são coadjuvantes engraçadas, clichês ou criminosas. Mulheres são heroínas, vilãs, valentonas, são os cachorros grandes. Isso — ouvi diversas vezes — era pioneiro e corajoso.

Espero que você também tenha a sobrancelha esquerda erguida, caro leitor. Porque, por favor, eu estava fazendo algo que os executivos tinham dito que não podia ser feito na TV. E os Estados Unidos provavam que eles estavam errados ao assistirem. Estávamos literalmente mudando o *rosto* da televisão. Eu não estava prestes a cometer um erro *agora*. Não há segundas chances.

Não quando se é um P.U.D.

Segundas chances são para gerações futuras. É isso que se constrói quando se é um P.U.D. Segundas chances para aqueles que vêm atrás.

Como disse Pope para a filha Olivia: "Você deve ser duas vezes melhor que eles para conseguir metade do que eles têm..."

Eu não queria metade. Eu queria tudo. Então trabalhei quatro vezes mais.

Eu jamais quis precisar me olhar no espelho e dizer que não tinha tentado o máximo possível para fazer os programas darem certo. Que não dei cem por cento para deixar um legado para minhas filhas e para todas as jovens mulheres negras lá fora que se perguntavam o que era possível. Eu ficava *profundamente* irritada por vivermos em uma era de ignorância tão grande que ainda era necessário que eu fosse um modelo, mas isso não mudava o fato de que eu era um.

Criei o hábito de trabalhar o máximo possível o tempo todo. Minha vida girava em torno do trabalho. E, fora do trabalho, peguei o caminho da menor resistência. Não tinha energia para conversas ou discussões difíceis. Então sorria e deixava que as pessoas me tratassem como quisessem. E isso só me fazia desejar estar de volta ao escritório. Onde eu estava no comando. Onde eu era a chefe. Onde as pessoas eram respeitosas, ou gentis, ou felizes, ou medrosas demais para me tratar como lixo.

E, como eu trabalhava demais, me via constantemente cansada. No início de *Grey's*, recusei tantos convites que as pessoas chegaram a parar de me convidar. Comecei a ter a reputação de alguém que não socializava com o pessoal do trabalho quando estava fora do trabalho. Na verdade, eu não socializava com *ninguém* fora do trabalho. Meu círculo mais amplo de amigos também não entendia; havia boatos de que eu os abandonara por uma vida glamorosa em Hollywood, cheia de festas e amigos famosos. Eu teria gargalhado disso, mas estava cansada demais. Recebia um e-mail irritado sobre um aniversário perdido e caía no sono de cara no teclado antes mesmo de conseguir redigir um pedido de desculpas. Por fim, simplesmente... desisti. Meus amigos se selecionaram em um núcleo menor. Eu ficava mais em casa. E passava mais tempo trabalhando. Mais tempo sozinha. Mais tempo me escondendo.

Perder-se não é algo que acontece de uma vez. Perder-se acontece com um *não* de cada vez. Não a sair esta noite. Não a colocar o papo em dia com aquela antiga colega de quarto da faculdade. Não a ir àquela festa. Não a sair de férias. Não a fazer uma nova amizade. Perder-se acontece meio quilo de cada vez.

Quanto mais eu trabalhava, mais eu me estressava. Quanto mais estressada eu estava, mais eu comia.

Sabia que as coisas estavam fugindo ao controle. Conforme eu ia me sentindo mais desconfortável. Conforme eu ia me sentindo mais cansada. Conforme os jeans iam ficando mais e mais apertados. Conforme eu aumentava um manequim após o outro. Conforme ia precisando das roupas do maior tamanho da loja *plus size.*

No entanto.

Eu me sentia ambivalente em relação a muita coisa. A feminista dentro de mim não queria ter a discussão consigo mesma. Eu me ressentia da necessidade de conversar sobre peso. Sentia como se estivesse me julgando em relação à aparência. Parecia fútil. Parecia misógino.

Parecia... traição, o fato de eu me importar.

Meu corpo é apenas o recipiente no qual carrego meu cérebro por aí.

Comecei a dizer isso na faculdade, quando os caras das fraternidades faziam comentários nojentos a respeito de meus seios. E usava esse tom. Um tom que dizia: *Meu Deus, como você é burro!*

Mas precisava dizer muito isso a eles. Fazer com que soubessem que eu deveria ser invisível para eles. Fazer com que parassem de procurar.

E agora eu estava dizendo muito isso a mim mesma. Para me tornar invisível a mim mesma.

Meu corpo é apenas o recipiente no qual carrego meu cérebro por aí.

Eu dizia enquanto comia potes de sorvete.

Eu dizia enquanto comia pizzas inteiras.

Eu dizia enquanto me deliciava com macarrão com queijo e bacon. Você me ouviu. *Bacon.* Eu comia qualquer coisa que tivesse bacon. Ou que estivesse enrolada em bacon. Uma carne enrolada em outra carne claramente comprovava que o universo estava se desenvolvendo exatamente como deveria.

Meu corpo é apenas o recipiente cheio de bacon no qual carrego meu cérebro por aí.

E talvez seja. Talvez seja apenas o recipiente no qual carrego meu cérebro por aí.

Mas um carro também é. E se o carro está quebrado ou surrado, ele não vai a lugar algum. O mesmo vale para meu recipiente.

Eu me sentia... velha. Não velha tipo "Sou velha e gosto de mentir".

Velha.

Velha tipo "Parei de participar do mundo".

Velha tipo "Sento em uma cadeira e vejo o mundo passar".

Que desperdício extraordinário de vida.

Mas que vitela humana deliciosa...

Acho que ninguém reparou. Acho que ninguém viu. Acho que o fato de eu ter dobrado de tamanho pode não ter sido tão óbvio. Porque eu não reparei direito. Aconteceu tão gradualmente. Sou invisível para mim mesma. Acho que talvez seja invisível para todos.

Não sou.

As pessoas tentaram ser delicadamente úteis. As pessoas disseram coisas para mim tipo: "Endorfinas fazem com que se sinta bem."

Bolo de chocolate também, tolinha.

Betsy Beers, que eu amo e adoro e por quem eu sinceramente mataria um dragão (ou pelo menos mataria uma aranha), disse certa vez: "Você só precisa se treinar para gostar de saladas."

Não falei com ela durante vários dias. *Quem se treina para gostar de salada?*

Que tipo de doente se treina para gostar de salada?! Eu também podia me treinar para gostar de cascalho. Ou bosta de vaca. Mas por quê? Eu não me odeio.

Contratei um personal trainer. Então eu o demiti imediatamente porque ele disse: "Nada tem o gosto tão bom quanto a sensação de ser magra!"

Ele jogou um clichê para cima de mim.

Ele jogou um clichê para cima de mim com um tom animadinho e condescendente. "Nada tem o gosto tão bom quanto a sensação de ser magra!"

Quem diz isso a uma mulher gorda? Sério? QUEM DIZ ISSO? Porque obviamente, a) você jamais comeu churrasco de costelas, e b) cale a droga da boca.

Ser uma vitela deliciosa não é algo que me deixe feliz. Nem a vitela quer ser vitela. A vitela quer ser resgatada pelo PETA. Começo a desejar ser resgatada também.

Pego um avião para Nova York. Sou uma escritora chique de televisão. Então tenho uma passagem de primeira classe, um grande e confortável assento de primeira classe. Eu me acomodo, tiro os sapatos, pego o livro, puxo o cinto de segurança e...

Bem, deve estar quebrado.

Está QUEBRADO, certo?

O MEU CINTO DE SEGURANÇA ESTÁ QUEBRADO.

Certo? CERTO?

Meu cinto de segurança não está quebrado.

Estou literalmente gorda demais para um cinto de segurança da primeira classe de um avião. Sou Violet Beauregarde, inchando como um mirtilo gigante na fábrica do Willy Wonka. Eu comi Gilbert Grape. Pode me cutucar com um alfinete e vou estourar como um balão.

Bem que eu queria.

Pelo menos significaria que eu não seria uma passageira naquele avião.

A humilhação começa a me fazer suar. Uma Shonda suada não é uma Shonda bonita. Uma Shonda suada está a um pequeno passo de ser uma Shonda feia como um ogro.

Percebo que tenho duas escolhas: posso pedir a extensão de cinto para a comissária ou posso ficar sem cinto, torcendo assim para que o carma derrube o avião e eu mergulhe para a morte, levando comigo centenas de inocentes que usam o cinto de segurança e obedecem à lei.

Você me conhece muito bem agora, caro leitor. O que acha que faço?

Acha que ajo como uma adulta, como uma mulher crescida que comeu até chegar àquele ponto? Aperto aquele botão para convocar a comissária? Falo com a comissária com a voz clara e tranquila, cuidadosamente pronunciando cada palavra para que todos na primeira classe certifiquem-se de ouvir o que a moça suada do assento 5A tem a dizer? "Com licença, acabo de me dar conta de que no momento estou gorda demais para este imenso, este gigante cinto de segurança da primeira classe. Pode me dar a mesma extensão de cinto da qual eu costumava rir enquanto tinha pensamentos de superioridade? POSSO? POR FAVOR?"

Sério? Eu?

Por favor.

Não.

Você já me conhece a esta altura *Sabe* que não faço isso.

Escolho a morte.

Escolho a morte por gordura e carma e porque *o catolicismo não me abandona*, escolho bravamente lidar com o fogo do inferno e a condenação que se seguirá pela eternidade como punição por levar o resto dos passageiros do avião comigo.

Jogo o casaco no colo para esconder a falta do cinto, dou um sorriso de desculpas para o homem de terno do outro lado do corredor, fecho os olhos com força e espero pela morte dolorosa que está por vir.

Não morro.

Não estou morta.

Minha *nossa*, como sou narcisista. Eu realmente esperava que o carma derrubasse um avião cheio de gente porque minha bunda ficou gorda demais e meu ego grande demais para que eu admitisse?

Estou viva.

Mas imediatamente começo a me imaginar morta. Eu me imagino sendo embalsamada. Eu me imagino sendo arrumada em uma funerária. Uma senhora colocando maquiagem em meu rosto morto e gordo. Penso no caixão extragrande. Na tenda imensa que minhas irmãs precisarão comprar para que o diretor da funerária use em mim como mortalha.

Parece engraçado.

Não para mim

Nada a respeito disso é engraçado para mim.

Tenho duas filhas pequenas e uma de 12 anos.

O *que* ando fazendo comigo mesma?

Eu acabo me perguntando: "Como transformo isto em *sim*?"

O Ano do Sim, percebo, se tornou uma bola de neve rolando colina abaixo. Cada "sim" rola para o seguinte, para o seguinte, e a bola de neve cresce e cresce e cresce. Cada "sim" muda algo em mim. Cada "sim" é um pouco mais transformador. Cada "sim" inicia uma nova fase de evolução.

Então qual é o *sim* aqui?

Para que digo *sim* ao querer ficar saudável?

A princípio, não sei. Alguns dias depois, estou deitada na cama, em casa, no meio de uma sessão de treinamento para ser vitela, assistindo a antigas reprises de *Doctor Who*, comendo biscoitos de chocolate e aproveitando o bote que é meu colchão quando percebo: eu *gosto* disso.

Da cama.

Dos biscoitos de chocolate quentinhos.

Do treinamento para ser vitela.

Dos biscoitos de chocolate quentinhos.

Da TV.

Dos biscoitos de chocolate quentinhos.

Eu gosto disso. Não. Eu *amo* isso. Estou aproveitando. Isso é divertido. É fácil, é relaxante, requer muito pouco esforço. Além do mais, mencionei os biscoitos de chocolate quentinhos? Esse é um bom momento para mim. É um piquenique. É uma festa. É uma *fes-ta*. É assim que eu me divirto...

Espere. Ah. *Ah*.

E, minha nossa. Aí está.

Já estava dizendo "sim".

Estava dizendo "sim" a ser gorda.

E é POR ISSO que agora estou tão gorda. Não sou um fracasso; sou um *sucesso* em ser gorda. Não perdi o controle da direção; simplesmente virei o carro para a estrada da gordura.

Estive dizendo *sim* à gordura.

E... quer saber? Por que não diria? Ser gorda foi mais fácil para mim. Deu certo para mim. Eu não teria conseguido se não desse certo.

Ser gorda me fazia feliz.

Em *Private Practice*, Naomi tem a seguinte discussão com Addison, sobre colocar comida nos sentimentos para tornar tudo melhor:

NAOMI: Eu pego todos esses sentimentos... a raiva, a exaustão, a frustração sexual... o desejo de atropelar Sam. o fato de minha filha agora achar que o pai é que é legal... Amasso tudo isso o máximo que posso e coloco comida em cima.

ADDISON: Talvez você devesse falar com o Sam. Em vez de engolir quatro mil calorias por dia.

NAOMI: Quer saber? Encontre sua mágica do seu jeito. Eu encontro do meu.

Eu estava encontrando *minha* mágica do *meu* jeito.

Minha mágica envolvia vinho tinto. E pipoca amanteigada. E bolo de chocolate quentinho. E qualquer coisa frita. E macarrão com cinco queijos. E treinamento para ser vitela.

Já falei o que significa "treinamento para ser vitela"? Ah! Treinamento para ser vitela envolvia eu me deitar bem quietinha no sofá tentando o máximo possível imitar a vida de uma vitela.

Enquanto como vitela.

Queria estar brincando.

Era. Simplesmente. Mágico.

A comida funcionava como um bom verniz. Ajudava a suavizar as pontas afiadas. Selava as partes de mim que estavam quebradas. Preenchia todos os buracos. Cobria as rachaduras. Sim, eu simplesmente colocava comida sobre tudo e qualquer coisa que me incomodava. A comida simplesmente cimentava bem tudo aquilo.

E *presto*! Por baixo da comida, tudo dentro de mim era tranquilo, frio e entorpecido.

Eu estava morta por dentro, e isso era bom.

Mágica.

Não deixe ninguém dizer a você que comida não funciona. Qualquer um que diga que comida não funciona é ou idiota ou mentiroso, ou jamais comeu. Pode falar para essa pessoa que eu mandei dizer isso. Funciona. Colocar comida por cima dos problemas funciona. Se comida não funcionasse, se não fizesse aquela mágica lasciva, glutona, de "mais é mais", todos nos Estados Unidos seriam magros como Angelina Jolie. Ninguém usaria *drive-thru*. Ninguém usaria granulado ou tomaria sorvete ou nada disso.

Não.

Comida *funciona*. Comida parece *tão* boa quando se coloca por cima de todas as coisas com as quais não se quer lidar ou não se sabe como lidar. Funciona até mesmo em coisas que você reconhece como fáceis de resolver.

Comida é mágica. Faz com que você se sinta melhor. Ela entorpece você. Comida linda e mágica faz com que sua alma morra apenas o suficiente para que não consiga pensar muito em nada além de bolo, ou além de dormir. Colocar comida por cima lança um feitiço para fazer com que os sentimentos desapareçam. Você não precisa enfrentar a si mesmo, ou pensar, ou ser qualquer coisa além de seu cérebro — o corpo não é necessário.

Comida funciona.

Esse é o obstáculo.

Esse é o problema.

Ela *funciona*.

Eu estaria comendo um balde cheio de frango frito neste exato minuto se achasse que ainda conseguiria caber nestas calças depois.

Se ainda me sentisse bem com o fato de estar morta por dentro.

Qual é o problema? É que não me sinto bem.

Não me sinto nada bem com o fato de estar morta por dentro.

Estar entorpecida não funciona mais para mim. É inadequado e me deixa apreensiva. Percebo que me irrito mais com as pessoas. Escrevo pequenos sermões dignos de Bailey nos e-mails quando alguém me chateia. Não quero estar entorpecida. Quero mandar alguém que me chateia pegar a atitude e enfiar bem no meio do...

Bem, digamos que estou começando a preferir isso a enfiar comida na boca por cima dos sentimentos feridos.

O "Incidente do cinto de segurança do avião de 2014" (sou uma mulher que dá um título a tudo) fez com que o ato de colocar comida por cima dos problemas não fosse mais uma opção.

Depois do "Incidente do cinto de segurança do avião de 2014", não consigo mais lidar com esse entorpecimento.

Agora o entorpecimento parece esquisito para mim.

Agora o entorpecimento parece não apenas morto, mas pútrido.

A comida não cimenta mais — ela sufoca.

E justo no momento em que faço esse grande e lindo avanço que muda minha vida?

Fico *muito irritada.*

O universo destruiu o conforto dos meus brownies e do vinho, ao revelar o que eles são. Porque agora sei a verdade sobre eles.

Sinto como se alguém tivesse acabado de contar à Shonda de 4 anos a verdade sobre o Papai Noel. Na véspera do Natal. Enquanto estou sentada diante da lareira. Esperando ouvir os sinos no telhado.

Agora só me restam os duendes estúpidos do Papai Noel: o Inadequado e o Apreensivo. Inadequado e Apreensivo não substituem o grande e gordo Papai Noel. Agora preciso lidar com o problema.

Agora preciso dizer "não" à gordura.

Droga.

Quero acabar com o Inadequado e o Apreensivo.

Perder peso não vai ser fácil. Sequer uma vez na vida perdi mais do que sete quilos, a não ser que envolvesse uma infecção intestinal séria ou que eu passasse fome ao ponto de médicos serem chamados.

É intimidador pensar na loucura que será ter de vencer a dor e o terror de simplesmente começar.

Certa vez, uma amiga próxima, Jan (cujo nome foi alterado para proteger a inocente), e eu nos hospedamos em um spa saudável e chique por uma semana. Cal-a-Vie é um lugar lindo, luxuoso, mas intenso. Tão intenso que imediatamente dizem que não há necessidade de levar nada — depois de eles levarem as chaves do seu carro, você recebe um conjunto de moletom cinza para usar a cada dia. Exatamente como no exército. Ou na prisão. Toda manhã, ao alvorecer, você é levada montanha acima em uma corrida mortal aterrorizante e dolorosa. Depois disso, vêm mais três horas de exercícios. Por volta do meio-dia, enquanto está deitada no chão sentindo espasmos em músculos que jamais soube que existiam, você começa a sussurrar planos de fuga, elaborados para pular o muro com seus colegas presidiários. Mas assim que reúne a energia para fugir, é chamada por seu "guia" e levada para o spa. No qual, pelo resto do dia, você é mimada com os tratamentos mais luxuosos que a humanidade conhece. A essência de rosas que foram cultivadas e adubadas com lágrimas de minúsculos filhotes de gatinhos banha seus pés e você se esquece dos planos de fuga. Até a manhã seguinte, quando começa tudo de novo.

Dez minutos depois de nos registrarmos no Cal-a-Vie, Jan e eu voltamos para a recepção. Tínhamos uma emergência, dissemos a eles.

Médica.

Pessoal.

Vaginal, indicavam nossas sobrancelhas.

Eles nos deram a chave do carro. Entramos no veículo e fomos embora.

Não vou falar sobre o que fizemos.

Jamais falarei sobre o que fizemos. Só vou contar que chegamos ao spa uma hora e meia depois, fedendo a humilhação e a gordura de *drive-thru* de fast-food.

Entramos em pânico. O medo da dieta iminente foi demais.

Agora eu espero pelo pânico. Mas ele não vem. Estou pronta.

Pego um pedaço de papel e prendo atrás da porta do armário. Subo em uma balança. Encaro o número. Solto uma cadeia de xingamentos, como se o grito de um marinheiro saísse voando de minha boca. Com a caneta na mão, caminho de volta ao papel atrás da porta. Anoto a data. Anoto meu peso. Encaro o número. Então rasgo o papel e jogo fora.

Nunca mais quero ver aquele número.

simsimsimsimsimsimsimsimsimsimsimsim

Eu me dei uma escolha. Que "sim" eu queria dizer? Havia duas opções:

Posso dizer sim, quero ser bem-sucedida nisso. Quero ser saudável. Quero uma vida longa, por mim e por minhas filhas. Quero me sentir bem. E, assim que disser isso, preciso me preparar e trabalhar e não reclamar e aceitar que o trabalho vai ser difícil. Porque é isso o que é. Trabalho. Trabalho árduo.

Mas conseguirei apertar o cinto no avião. Não terei medos narcisísticos de uma queda cármica do avião. Não terei um caixão gigante nem usarei uma tenda como mortalha.

Se disser que sim, a vida que salvarei será a minha.

Ou: posso dizer *não*. Dane-se perder peso.

Vá para o inferno, magricela!

Posso dizer que *não* quero ser bem-sucedida nisso, quero comer o frango frito. Quero ser vitela.

Mas, se disser que não, se eu disser que não quero ter esse trabalho? Então é o fim do jogo. Preciso me calar. Não quero me ouvir reclamando nunca mais sobre não apertar o cinto de segurança daquele avião. Não quero ouvir um monólogo sobre a dor de não conseguir tocar os dedos dos meus pés. Não venha chorando até mim sobre como feri meus sentimentos quando não me reconheci no espelho. Porque fiz uma escolha: Disse não.

Espere.

Eu disse "sim".

Eu disse "sim" à gordura.

E se disser "sim" à gordura, então precisarei aceitar se estiver arrasando em tamanhos 52. Preciso acolher que sou como sou.

Preciso comprar minha extensão de cinto de segurança e tirá-la da bolsa, com muito orgulho, quando entrar no avião. E desafiar o idiota ao meu lado a fazer um comentário.

O problema com a gordura não é a gordura.

Sou eu.

Se não vou mudar, preciso seguir em frente. Não posso desperdiçar tempo precioso divagando pelos "eu queria" e "se ao menos".

Isso é ser sonhadora. Sonhadores jamais dizem "sim" a nada.

PRECISO AGIR.

GORDA OU MAGRA.

Preciso AGIR.

Não sei por que achei que seria fácil. Nada bom é fácil.

No trabalho, sou uma guerreira intimidadora. Sou competitiva. Trabalho duro. Ora, sou uma guerreira intimidadora e competitiva jogando croquet mesmo com minhas *filhas*. Certa vez fiquei competitiva tricotando. TRICOTANDO. E por isso não tenho permissão de tricotar perto de outras pessoas. Objetos afiados, uma sede selvagem por vitória, bolas de lã... Não é uma boa combinação.

Trabalho duro — é assim que faço sucesso. É assim que QUALQUER UM faz sucesso. Então por que diabos achei que perder peso seria diferente?

De alguma forma, essa ideia é uma inspiração para mim. A ideia de que não é divertido — de que é trabalho de guerreira intimidadora. A ideia de que NUNCA gostarei de perder peso. De que SEMPRE vou querer o frango frito. SEMPRE. PARA SEMPRE. Sempre vou preferir me aninhar no sofá com um livro a correr em uma esteira. Pelo resto da vida, meu sangue vai pulsar um pouco mais rápido ao sentir o cheiro de chocolate amargo e bacon misturados. Cheesecake sempre terá gosto de amor. Ah, jamais gostarei de perder peso. Perder peso não é divertido. Jamais será divertido.

NÃO VAI ME DAR PRAZER.

VAI ME DAR UMA SURRA E ME ESMAGAR NO CHÃO.

De alguma forma, saber disso faz com que eu me sinta muito melhor.

A beleza da baixa expectativa.

Depois que parei de achar que iria gostar, depois que parei de acreditar que perder peso pudesse ser fácil e agradável, depois que parei de esperar que a banda começasse a tocar, prestar atenção ao que entrava em minha boca se tornou tolerável.

Porque eu não estava esperando que melhorasse.

NUNCA vai melhorar. Simplesmente... é uma droga.

Eu disse "sim" a perder peso em 8 de março de 2014.

Quando subi na balança em 1º de março de 2015, tinha perdido quase cinquenta quilos. Enquanto escrevo este livro, no verão de 2015, perdi mais. Inesperadamente mais. Por outro lado, qualquer coisa além de 7 quilos era inesperado.

Mais do que alguns quilos.

Inesperadamente mais.

Mas dizer é algo poderoso.

Agora. Já contei o quanto foi difícil. O quanto odiei. E como continuei apesar disso. Mesmo assim, amigo leitor, alguém aí vai fazer a pergunta. Alguém aí vai perguntar... "Shonda, que dieta você fez? Que programa de emagrecimento usou?"

Não acabei de dizer que jamais seria fácil? Jamais seria rápido? Se as coisas fossem fáceis ou rápidas, restaria alguém no mundo que falasse sobre a luta contra o peso?

Agora, aposto que todos aqueles programas famosos que você vê em propagandas e que são recomendados por seu médico *funcionam*. Mas funcionarão apenas se você decidir que VOCÊ vai fazer o trabalho. O que significa que nada funciona se você de fato não decidir que está verdadeiramente pronto para fazê-lo.

Está pronto? Eis como sabe se está pronto ou não. Há três anos, se alguém dissesse algo para mim tipo: "Nada funciona até que você esteja realmente pronta para que funcione", eu teria obrigado a pessoa a comer manteiga até que pesasse 500 quilos. Porque isso parece bobagem. Tudo parece bobagem até que você esteja com a mente preparada. Tudo parece bobagem enquanto você ainda está ocupado listando motivos pelos quais deveria poder comer aquele bolo inteiro.

E você *deveria* poder comer aquele bolo inteiro. Sim. Deveria. E *pode*. Pode comer todo o bolo delicioso. Só precisa aceitar que ele deixará sua barriga grande. E isso não é problema. Mas então não reclame por ter uma barriga gorda. Pare de se criticar, se humilhar e se esconder. Torne-se alguém com sua barriga gorda e ame seu corpo por todas as dádivas que ele tem. Passe seus valiosos anos neste planeta pensando em algo que não seja seu peso.

Enfim. Seguindo adiante para... "Mas Shonda, que dieta você fez? Que programa de emagrecimento usou?"

Suspiro. Tudo bem.

Não fiz nenhuma dieta específica nem usei algum programa de emagrecimento específico. E não fiz nenhum tipo de cirurgia para perder peso. Mas vou contar o que fiz. Não sou nenhum tipo de profissional de saúde, apenas criei uma série de medicina para a TV, então lembre-se: não sei absolutamente NADA sobre perda de peso. Porque sou uma ESCRITORA. O que significa que recomendo muito que você faça a primeiríssima coisa que eu fiz, que foi:

1. Comece com uma visita a um médico especializado. Fui a minha médica e disse: "Não quero mais ser gorda. Me. Ajuda." Minha médica literalmente me aplaudiu. Eva é bem legal. Pedi e recebi um exame físico completo. Fiz isso para que soubesse de onde estava começando, porque queria saber com o que estava trabalhando. Queria poder ver progresso mesmo das menores formas. *Eu também fiz o que minha médica me mandou fazer.*

Depois disso:

2. Pensei em um exercício. Prometi a mim mesma que jamais faria qualquer exercício do qual eu não gostasse. Então

não fiz. No início. Não me exercitei nada. Estava ocupada demais tentando me convencer a não comer tudo em que conseguisse colocar as mãos. Mas, quando estava pronta, contratei uma personal trainer. Eu já havia trabalhado com Jeanette Jenkins. Bem, em grande parte eu reclamei e arquejei enquanto ela tentava me fazer mexer o corpo. Agora, eu estava pronta para fazer o que me mandassem. Jeanette me fez praticar pilates, e eu amei. Quer dizer, quem não amaria? É exercício que você faz *deitada*. De verdade. É como se o universo tivesse finalmente decidido me dar uma folga. Tudo bem, também é muito difícil. Mas mesmo assim. VOCÊ FICA DEITADA ALI.

3. Eu me obriguei a beber quase 2 litros de água todo dia. O que é MUITA água. Mas fez minha pele ficar linda.
4. Decidi — e esta foi a regra mais importante para mim — que comida alguma estava fora dos limites. Eu podia comer qualquer coisa que quisesse. Contanto que comesse uma porção razoável. Além disso — e essa foi a parte mais difícil dessa regra importante — só poderia comer exatamente o que eu estava desejando. Tente fazer isso por um dia. Eu estava tão acostumada a comer apenas porque era hora do café da manhã, do almoço ou do jantar, jamais parava para pensar se estava com fome ou não, quem dirá se estava *com desejo* de alguma coisa. Eu jamais ouvia de verdade meu corpo. Eu sei, eu sei: uma frase como "ouvir o corpo" parece suspeita. Algo como sinergia. Mas funciona!

Os atores em minhas séries pareciam saber melhor do que ninguém o que eu estava fazendo. Talvez porque, como atores, os corpos são os instrumentos de trabalho deles, porque os encaram o dia todo, porque precisam estar tão fisicamente presentes, perceberam de imediato que algo tinha mudado para mim. Eles perceberam, e pareceram entender instintivamente como minha perda de peso era difícil. Estavam todos ao meu redor para me dar apoio. Katie Lowes, Scott Foley, Kerry Washington e Ellen Pompeo em particular pareciam meus incentivadores semanais; sempre que via um deles fazendo suas leituras, tinham palavras encorajadoras ou um abraço. Conforme comecei a progredir, Ellen me disse, com seriedade: "Cuidado. Não perca o bumbum, moça." *Isso é impossível, Ells.*

Conforme comecei a perder peso de verdade, algo interessante começou a acontecer. Parei de pensar em meu corpo como um mero recipiente para meu cérebro. Eu me tornei mais consciente dele. De todas as formas. Como funcionava, qual era a sensação, como se movia. Reparei como os músculos de minhas costas se tencionavam em resposta ao estresse. Eu me alongava com mais frequência. Isso vai parecer esquisito, mas fiquei obcecada com a pele e com torná-la perfeitamente lisa e macia. Isso incluía MUITO hidratante nos joelhos, nos pés e nas mãos antes de dormir.

E comecei a me sentir forte. Tipo, realmente forte. Quando fazia a pose do poder, não apenas me sentia confiante como a Mulher-Maravilha. *Eu me sentia a Mulher-Maravilha.* Com menos 25 quilos, coloquei minha filha Emerson nas costas e galopei para cima e para baixo dos corredores da casa, com ela pendurada nos ombros e gritando. Depois que a coloquei para dormir, me sentei nos degraus e caí em lágrimas. Quatro meses antes, de forma alguma eu teria conseguido me arrastar pelo corredor sequer uma vez com uma criança nas costas. Nem mesmo uma caminhada apressada. Um galope quase teria me matado. Agora eu não estava sequer sem fôlego.

Pela primeira vez na vida, a mulher que precisou ser vestida como uma criança e receber a ordem de ficar parada e esperar por Oprah começou a se importar com roupas. Dana Asher fora minha estilista durante anos. Mas me vestir para eventos sempre foi como vestir um manequim gordo — eu não tinha opiniões, simplesmente usava as roupas que me davam. Não dava a mínima para o que ela colocasse em mim, contanto que eu me sentisse invisível. Não que isso importasse — a variedade de escolhas de roupas para mulheres *plus size* sempre foi pouca. Era deprimente.

Agora, meu problema era o oposto. Tinha opções de estilistas. As escolhas eram infinitas. Sobrepujantes. Eu jamais havia feito compras em uma seção da loja que não fosse *plus size* . Eu me sentia esquisita. Não tinha noção do que ficava bom naquele novo corpo no qual eu agora me acomodava. Dana literalmente limpou meus armários. Tudo que eu tinha, até a roupa íntima, não cabia mais. As coisas boas foram para caridade. (Consegui ficar com todas as minhas camisetas de *Grey's Anatomy* — elas sambavam em mim, mas eu não me desapegaria delas.) Não restou muito mais. Recomeçamos. Dana me ensinou a me vestir, me apresentou a cores que eu jamais considerara usar, me convenceu a usar roupas que delineassem a silhueta. Conheci estilistas. Nada que eu vestia me fazia sentir invisível.

Dentro desse corpo, eu agora me sentia bem em ser vista.

Por homens. Eu já havia sido vista antes. Mas não estava prestando atenção. Eu estava na despensa. Estava escrevendo. Estava ocupada me escondendo. E, ultimamente, estava ocupada demais me protegendo do que estava acontecendo na vida.

Devagar, comecei a perceber que fazia parte disso.

A timidez.

A introversão.

As camadas de gordura.

Sou uma escritora bastante nerd que, aparentemente, da noite para o dia, se tornou... bem, famosa. Ser famoso, se você é um ator, é considerado o preço que se paga por poder fazer seu trabalho no mais alto nível.

Para um escritor?

O choque inesperado disso foi... bem, chocante. E um pouco aterrorizante. A maioria dos escritores não tem o objetivo de se tornar famoso. Eles têm o objetivo de se sentarem sozinhos de pijama nos fundos da despensa e sonhar. Têm o objetivo de contar histórias. Têm o objetivo de criar mundos. Isso é o que eles são.

Isso é o que eu sou.

Era.

Então um raio caiu do jeito mais louco e incrível. E as pessoas começaram a conhecer meu nome e a reconhecer meu rosto. E com isso vem muita atenção. De todo tipo de lugar.

De pessoas que nunca antes olharam em minha direção. Então, estavam TODAS olhando em minha direção. E estavam sorrindo. E eram legais. E me ofereciam coisas.

Eu não queria que me olhassem. Não me sentia bem em ser vista. Só queria escrever e andar com os mesmos amigos com quem sempre andei e ser deixada em paz.

Como se alcança isso nesta cidade?

Seu corpo se torna um recipiente para o cérebro.

Era um sistema de segurança muito bom.

Agora, no entanto, sou vista. E estou me sentindo confortável em ser vista. Estou me acostumando a ser vista. Estou percebendo que há uma parte de mim que *quer* ser vista.

E que não há problema em ser vista.

Não há problema em querer ser vista.

Não há problema em *gostar* de ser vista.

Sou vista.

Quando passo por um espelho, ainda acontece. Me vejo de relance e penso: "Quem é essa?" A garota no espelho tem um tamanho que não tinha desde os 16 anos. E parece mais jovem, como se o bilhete da loteria genética dela acabasse de ganhar mais uma rodada.

Mas sou eu. Estou me vendo.

E gosto do que vejo ali.

Aquela garota parece feliz.

Só foi preciso o tipo certo de "sim".

E salada.

Ah, sim.

Betsy estava certa.

Ajuda mesmo se treinar para gostar de saladas.

Odeio quando ela está certa.

9

Sim a me juntar ao clube

Cerca de um ano depois de começar meu Ano do Sim, Chris nº1 me liga para contar que receberei o Sherry Lansing Award da revista *Hollywood Reporter*, no café da manhã anual Women in Entertainment. Ele mantém o tom de voz baixo de uma forma tranquilizadora. Os tons doces de uma enfermeira psiquiátrica, enquanto me informa que precisarei fazer um discurso

Então Chris espera que eu dê um ataque.

O discurso não é comum. O discurso de abertura em Dartmouth foi algo grandioso, sim. Mas esse. Esse não é um grupo de formandos de Dartmouth encarando o futuro, procurando sabedoria. Não é um bando de pais esperançosos e felizes, simplesmente animados por terem acabado de pagar centenas de milhares de dólares em mensalidade.

Está bem no título: esse discurso é para mulheres da indústria do entretenimento. São mulheres *poderosas* do entretenimento. Sabe como sei disso? A *Hollywood Reporter* libera uma lista com o evento. Ela se chama Power 100.

Algumas das mulheres que estarão naquele salão ouvindo meu discurso são lendas. A *própria* Sherry Lansing estará no salão.

Chris espera que eu comece a gritar. Ele espera pelos berros sobre osso de galinha, peito de Janet Jackson e catarro de medo no ouvido. Fico em silêncio por muito tempo. Então:

— Tudo bem — digo.

— Tudo bem? — Chris parece confuso. — Tudo bem, tipo... tudo bem, certo?

— É. Tudo bem, certo.

Chris acha que talvez eu não entenda.

— Você precisa FAZEEEER UM DISCUUURSO. — Diz ele, devagar. Alto. Como se eu estivesse perdendo a audição. Como se eu fosse *mesmo* velha.

Mas eu ouvi. E estou nervosa. Mas está na hora.

É um salão cheio de mulheres. Mulheres poderosas. Estou na lista. Teoricamente, sou uma dessas mulheres poderosas. Teoricamente, essas são minhas colegas. No entanto...

Não conheço de fato uma única mulher da lista. O que é realmente? Um salão cheio de estranhas. Estranhas poderosas.

Estive aproveitando o ano de uma forma que não aproveitei a vida por muito tempo. Estou animada e vibrante e me sinto viva. Fiz progresso, fiquei muito melhor nisso, mas não tenho amigos na indústria, exceto aqueles que trabalham em minhas séries. Todos que conheço trabalham para mim ou comigo. Sou uma mulher poderosa que não conhece mulheres poderosas.

Estou na lista, mas não *sou* da lista.

Osso de galinha, peito da Janet Jackson, catarro de medo, gente.

Durante muito tempo fui uma tartaruga dentro do casco com minhas irmãs da indústria.

Está na hora de parar de ficar de pé nos fundos das salas. Encostada nas paredes. Vivendo em minha cabeça. Desejando que tivesse algo a dizer. Se tem algo que aprendi com todos os empurrões de Sísifo que Chris me dá e todo esses "sim" é que, se eu não colocar a cabeça para fora do casco e mostrar às pessoas quem sou, tudo o que pensarão que sou é meu casco.

Está na hora de ocupar meu lugar na lista.

DISCURSO PARA O EVENTO WOMEN IN ENTERTAINMENT DA *HOLLYWOOD REPORTER*

10 de dezembro de 2014
Los Angeles, Califórnia

SOBRE TETOS INVISÍVEIS

Quando meu assessor de imprensa me ligou para dizer que eu receberia este prêmio, fiz uma careta e disse: "Tem certeza? Eu?"

E ele falou: "Sim."

E eu disse: "Por quê?"

Então falei: "Não, sério, POR QUÊ?"

E obriguei-o a ligar e pedir algum motivo por escrito pelo qual eu estava recebendo este prêmio. Porque eu estava realmente preocupada que pudesse haver algum erro.

Quero parar um pouco aqui e dizer que não falo essas coisas para ser autodepreciativa e humilde. Não sou uma pessoa autodepreciativa e humilde. Acho que sou bem fantástica. Mas também acho que o Sherry Lansing Award da *Hollywood Reporter* é extraordinário — assim como a própria Sherry Lansing.

Então... sério, POR QUÊ?

Eles mandaram por escrito um motivo pelo qual eu estava recebendo esse prêmio. Dizia muitas coisas legais, mas o principal motivo era que eu receberia o prêmio em reconhecimento a ter quebrado os tetos invisíveis da indústria, como mulher e como afro-americana.

Bem.

Ligo de volta para meu assessor.

Porque não estou certa quanto a isso. Quer dizer, agora estou preocupada.

Venho de uma família muito grande e muito competitiva. *Extremamente* competitiva. E por *competitiva* quero dizer que minha mãe fala que não podemos mais jogar Scrabble quando nos reunimos, por causa dos ferimentos e das lágrimas. Uma das regras na minha família é que jamais se ganha um prêmio de participação, não se ganha um troféu por apenas ser você. Então, ganhar um prêmio hoje PORQUE sou mulher e afro-americana parece...

Nasci com uma vagina incrível e uma pele marrom muito linda.

Não fiz nada para que essas coisas acontecessem.

Para jogar um pouco de Beyoncé na situação, pessoal: "I woke up like this."

Sério.

Sei que este não é um prêmio porque sou mulher ou porque sou afro-americana. Sei que a questão é realmente quebrar tetos invisíveis que existem para mulheres e negras nesta cidade muito masculina e muito branca.

Mas não quebrei nenhum deles.

"Eles sabem que não quebrei nenhum telhado invisível?", pergunto a meu assessor de imprensa.

Ele me assegura que sim. Eu asseguro a ele que não.

Não quebrei nenhum teto invisível.

Se tivesse quebrado algum, saberia.

Se tivesse quebrado algum, teria sentido os cortes, teria hematomas. Haveria estilhaços em meus cabelos. Eu estaria sangrando, teria ferimentos.

Se tivesse quebrado um teto invisível, significaria que eu teria passado para o outro lado. Onde o ar é rarefeito. Eu sentiria o vento no rosto. A vista daqui — bem daqui de cima, onde a barreira está quebrada — seria incrível. Certo?

Então, como não me lembro do momento? Quando eu, com minha feminilidade e a pele marrom saí correndo a toda, mandando a gravidade para o inferno, contra aquela camada espessa, e me choquei contra ela?

Como não me lembro disso acontecendo?

Eis o motivo:

É 2014.

Neste momento, bem aqui, eu de pé aqui, toda marrom com meus seios e minha quinta-feira à noite na emissora cheia de mulheres negras, mulheres competitivas, mulheres fortes, mulheres que são donas dos corpos e cujas vidas giram em torno do trabalho em vez dos homens, mulheres que são cachorros grandes? Isso só poderia acontecer agora.

Pensem bem.

Olhem em volta deste salão. Está cheio de mulheres de todas as cores em Hollywood que são executivas e chefes de estúdios e VPs e criadoras de programas e diretoras. Há muitas mulheres de Hollywood neste salão que têm a habilidade de mudar o jogo ao dizer "sim" ou "não" para algo.

Há 15 anos, isso não teria sido assim. Haveria, talvez, algumas mulheres em Hollywood que poderiam dizer "sim" ou "não". E muitas subordinadas e assistentes que trincariam os dentes e trabalhariam muito. E, para alguém como eu, se eu tivesse muita, muita, MUITA sorte, haveria talvez um programa menor. Uma pequena chance. E essa chance não teria envolvido uma protagonista negra, nenhum personagem LGBT tridimensional, nenhum personagem feminino com destaque profissional E família, e nada além de dois personagens negros em uma cena por vez — porque isso só acontecia em *sitcoms*.

Há trinta anos, acho que talvez houvesse mil secretárias se defendendo das mãos bobas dos chefes no escritório e cerca de duas mulheres neste salão. E, se eu estivesse aqui, estaria servindo o café da manhã dessas duas mulheres.

Há cinquenta anos, se as mulheres quisessem se reunir em um salão... bem, melhor que fosse para falar sobre bebês ou trabalhos de caridade; e as mulheres negras estariam em um salão ali, e as mulheres brancas em outro salão aqui...

De lá até aqui... todas demos um salto tão incrível.

Pensem em todas elas.

Há cinquenta anos tentando sair de salões separados, há trinta anos tentando não servir café da manhã ou ser apalpadas pelos chefes, há 15 anos tentando deixar claro que podiam gerenciar um departamento tão bem quanto o cara ao lado.

Todas as mulheres, brancas ou negras ou morenas, que acordaram assim, que vieram antes de mim nesta cidade.

Pensem nelas.

Cabeça erguida, olhos no alvo.

Correndo. A toda. A gravidade que vá para o inferno.

Em direção àquela camada espessa e invisível que é a barreira.

Correndo, a toda, e se chocando.

Chocando-se contra ela e caindo de costas.

Chocando-se contra ela e caindo de costas.

Contra ela e caindo de costas.

Uma mulher após a outra.

Cada uma correndo e cada uma se chocando.

E todas caindo.

Quantas mulheres precisaram atingir aquele teto invisível antes que a primeira rachadura surgisse?

Quantos ferimentos elas tiveram, quantos hematomas? Com que força precisaram acertar a barreira? Quantas mulheres precisaram atingir o teto invisível para rachá-lo, para provocar milhares de fraturas finas?

Quantas mulheres precisaram atingir a barreira antes que a pressão do esforço a fizesse evoluir de um painel espesso até uma folha fina de gelo rachado?

Para que, quando fosse minha vez de correr, ele se parecesse mais com um teto.

Quero dizer, o vento já estava soprando por esse telhado — eu sempre sentia no rosto. E havia todos esses buracos que me davam a visão perfeita do outro lado. Nem mesmo reparei na gravidade, acho que já estava se dissipando. Então nem precisei lutar tanto. Tive tempo de avaliar as rachaduras. Tive tempo de decidir onde o ar parecia mais rarefeito, onde o vento era mais frio, onde a vista era mais deslumbrante. Escolhi meu lugar no teto invisível e o chamei de alvo.

E corri.

E, quando finalmente atingi a barreira, ela simplesmente explodiu e se tornou poeira.

Bem assim.

Minhas irmãs que foram antes de mim já haviam cuidado dela.

Nenhum corte. Nenhum hematoma. Nenhum sangramento.

Atravessar a barreira para o outro lado foi simplesmente uma questão de correr por uma trilha criada pelas pegadas de todas as outras mulheres.

Eu simplesmente estava na hora exata, no ponto exato.

Então, estou quebrando a regra de minha família hoje.

Este é um troféu por participação.

E estou mais do que honrada por recebê-lo.

Porque isso *foi um esforço coletivo.*

Obrigada a todas as mulheres neste salão.

Obrigada a todas as mulheres que nunca chegaram a este salão.

E obrigada a todas as mulheres que, espero, preencherão um salão cem vezes deste tamanho depois que todas tivermos partido.

Vocês são todas uma inspiração.

10

Sim, obrigada

Eu estava em um jantar em homenagem às mulheres na TV, oferecido pela revista *Elle* e a editora-chefe Robbie Myers. Era um dos eventos "sim" dos quais eu concordara comigo mesma que participaria. No início do Ano do Sim, odiava esses eventos. Conversa fiada, ansiedade, fotógrafos — era tudo demais, fazia meu cérebro congelar. Mas, a essa altura, com o ano já bem avançado, eu me encontrava quase animada com eles. Estava quase confortável. Sorria para os fotógrafos e seguia pelo corredor da imprensa para o evento, onde eu conseguia de verdade ter conversas breves e inteligentes com escritores e atores talentosos que eu admirava há muito tempo.

Inspirar, expirar.

Eu não tinha mais aquela sensação terrível de peso no estômago que sempre me acometia em festas. Aquela sensação triste, de não pertencimento.

Não havia mais silêncios perturbadores nos quais as pessoas me encaravam, esperando que eu falasse. Eu não fazia mais aquela coisa em que tentava ficar tão imóvel quanto uma estátua de mármore, esperando que me tornasse magicamente invisível a olhos nus. Eu tinha a bênção de não me preocupar mais em deixar voar um osso de galinha pelo salão.

E só precisava de uma cinta modeladora ultimamente. Ainda estavam apertadas demais. Mas mesmo assim. Progresso.

Cheguei a me ver pensando: "Esta vai ser uma ótima noite."

Antes que o jantar fosse servido, Robbie Myers nos deu as boas-vindas. Ela foi inteligente e engraçada ao chamar cada nome e apontar para todos nós. Então, explicando por que tinham sido escolhidas para a lista de grandes mulheres da TV, Robbie enumerou as realizações de cada mulher.

As realizações eram inovadoras, ousadas e impressionantes. Um número chocante de mulheres poderosas e bem-sucedidas estava sentado àquela mesa.

No entanto, enquanto a editora-chefe apontava para cada mulher e enumerava as poderosas realizações delas, todas as vezes —

— *todas as vezes* —

— cada mulher chamada fez uma destas três coisas:

1. Fez que não com a cabeça e virou o rosto, dispensando as palavras e aplaudindo a seguir, como se dissesse: "Não. Nããão. Não de verdade. Veja. Não é tão incrível quanto ela está dizendo. Eu talvez estivesse apenas limpando o chão e tropecei e caí, e acidentalmente digitei aquele roteiro."
2. Abaixou a cabeça com uma expressão envergonhada no rosto: "Eu? Ela está falando de mim? Não fale sobre mim, ninguém jamais deveria falar sobre mim. Fale sobre outra pessoa." Se havia qualquer tipo de comemoração quando o nome da mulher era chamado, ela cobria o rosto com as mãos. Quase como se estivesse tentando se proteger de uma tragédia que acontecia diante dela.
3. Gargalhou. Uma gargalhada do tipo morta de vergonha, chocada, como "Não acredito que sequer estou sentada a esta mesa com todas essas pessoas incríveis porque o que ela está dizendo sobre mim é a maior mentira do mundo, mas me deixaram entrar mesmo assim". Tudo nela dizia: "UAU. Apenas... UAU."

Escolhi a porta número dois.

Robbie Myers tagarelou uma lista de coisas que eu tinha feito, todo o trabalho, todas as formas como eu mudara a representação de mulheres na TV, de pessoas negras na TV. E baixei a cabeça, sacudindo-a. Cobri o rosto com as mãos. Esperei que a atenção e os aplausos terminassem.

Nada para ver aqui, gente. Circulando.

Porta. Número. Dois.

Mas quando a editora-chefe se sentou ao meu lado e, muito agradavelmente, disse algo como:

— Então, de onde você é, Shonda? Ohio, não é?

Eu respondi com:

— Reparou que nenhuma mulher neste salão aguenta ouvir que é incrível? Qual é o nosso *problema*?!

A editora-chefe piscou. Eu não estava seguindo as regras da conversa de jantar, as quais requerem que se comece com conversa fiada. Que se comece testando a temperatura da água. Eu simplesmente saltei do lado mais fundo da piscina.

Ela piscou. Então sorriu.

Então tivemos uma das conversas mais sinceras e interessantes que já tive com uma completa estranha, enquanto meu cérebro sofria de falta de oxigenação devido à cinta modeladora apertada.

Mas aquele sentimento permanecia.

Me irritava.

Dava coceira em minha nuca.

Nenhuma mulher no salão aguentava ouvir: "Você é incrível."

Eu não aguentei ouvir que era incrível. Qual é o nosso *problema*?

Eu não tinha resposta.

E, sem ter respostas, fiz o que agora estava começando a fazer nessas situações.

Decidi dizer que sim.

O que eu me via fazendo com mais e mais frequência.

Em vez de remoer o problema, descubro o que esse "sim" seria.

Às vezes isso acaba sendo um jogo mental ridículo. Mas na maioria das vezes funciona.

A questão toda desse projeto de Ano do Sim é dizer "sim" a coisas que me assustam, que me desafiam. Então, para dizer "sim" a um problema, preciso encontrar o que, dentro desse problema, me desafia ou assusta ou simplesmente me faz *pirar* — e então preciso dizer "sim" a *isso*.

O que parece loucura anti-intuitiva.

Mas, devagar, começo a entender que não é loucura. Corro para a natureza e toda a escuridão e pelos arbustos espinhentos e pelas trilhas íngremes rochosas e cuspo palavrões a torto e a direito, então, subitamente...

Irrompo em uma clareira e vejo que estou de pé no alto da montanha. Com ar nos pulmões. Luz do sol no rosto.

Não é loucura. É apenas bravura.

É como uma cirurgia torácica. Não se pode fechar o peito do paciente até que se tenha encontrado o ferimento e o operado. O problema é o peito aberto, o ferimento é o desafio, e o "sim" é a operação.

Está debochando de mim e de minha metáfora neste momento, não está?

Está. Posso sentir.

Me poupe!

Passei DOZE TEMPORADAS escrevendo *Grey's Anatomy*, gente. Posso fazer um hemograma completo, um exame metabólico, tipificar, analisar e diagnosticar você, tudo isso de olhos fechados. Sabe como diagnosticar apendicite? Febre e dor acima do ponto de McBurney. Onde buscar as causas mais comuns de febre pós-operatória? Pulmões, trato urinário, circulação, ferimento e medicamentos.

Se você entrasse em trabalho de parto agora mesmo? Eu poderia realizar uma cesariana.

Você não ia querer que eu fizesse isso.

Mas eu poderia.

E, como qualquer das minhas roteiristas que esteve grávida dirá, *eu faria*.

Meu ponto é que minhas metáforas são médicas.

Meu ponto é também que se você desmaiar diante de mim, vou abrir seu peito, colocar um DAVE (Dispositivo de Assistência do Ventrículo Esquerdo) e começar a chamar você de Danny.

Então talvez você tente permanecer consciente perto de mim.

Diga "sim" a permanecer consciente.

Enfim.

Decido fazer. Decido que, se é tão difícil encarar minhas realizações, aceitar um elogio, não abaixar a cabeça e escolher a porta número dois, direi "sim" a aceitar todo e qualquer reconhecimento de realização pessoal incrível com um claro e tranquilo "Obrigada" e um sorriso confiante e nada mais.

Vou dizer "sim" e simplesmente... ver o que acontece.

Parece muito mais fácil do que é.

Alguém diz:

— Adoro sua série!

Sabe o que respondo?

Eu digo:

— Ah, meu Deus, sou muito sortuda. Muito mesmo. Não sou eu, são todos que trabalham comigo.

Tudo bem. Veja bem.

Todos que trabalham comigo? Eles são INCRÍVEIS. Estou realmente cercada por pessoas — atores, produtores, diretores, diretores de arte, figurinistas, diretores-assistentes, técnicos de iluminação, o pessoal do serviço de bufê, motoristas, redatores, tanta gente — incrivelmente talentosas e sem as quais a Shondaland literalmente não existiria. Tem um monte de gente legal na ABC que também é muito essencial. Meu agente, Chris. Meu advogado, Michael. *Muita* gente torna a Shondaland o lugar criativo, feliz e bem-sucedido que é.

Então SÃO todos que trabalham comigo.

Mas por que estou andando por aí dizendo que NÃO sou eu?

Porque sou eu.

Sou eu.

Sou eu *e* são eles.

Somos NÓS.

E o que exatamente quer dizer a frase "sou muito sortuda"?

Não sou apenas sortuda.

Ninguém que faz sucesso é apenas sortudo.

Não sortuda do tipo "ela tropeçou e caiu em cima de uma tabela de audiência de televisão".

Sortuda implica dizer que não fiz nada. *Sortuda* implica que algo me foi dado. *Sortuda* implica dizer que me entregaram algo que não mereci, pelo qual não trabalhei duro.

Caro leitor, que você *jamais* seja sortudo.

Não sou sortuda.

Sabe o que eu sou?

Sou inteligente, sou talentosa, tiro proveito das oportunidades que aparecem em meu caminho e trabalho muito, muito arduamente.

Não me chame de sortuda.

Pode me chamar de *durona*.

simsim**sim**sim**sim**sim**sim**sim**sim**sim**sim**sim

Tudo bem. Agora vou admitir algo para você.

Aquilo tudo foi encenação.

Parte do meu cérebro está GRITANDO comigo agora por ter me feito tantos elogios. Gritando e agitando as mãozinhas inteligentes e nervosamente saltitando. "Não se pode dizer isso em voz alta! As pessoas vão achar que você é..."

Que sou o quê?

Orgulhosa.

Arrogante. Imodesta. Ousada.

Que estou apaixonada por mim mesma.

Que me acho especial.

Estremecimento. Sacudida. Saltinho.

PÂNICO.

Escrevi aquela série de elogios para mim mesma como parte do meu "sim". E foi DIFÍCIL fazer isso. Me senti completamente ridícula enquanto escrevia. E sabe qual a parte mais triste? Até chegar à palavra "durona" não eram elogios.

Eram fatos.

Mais triste ainda?

Acabei mesmo de falar que estou preocupada que as pessoas pensem que sou *orgulhosa*? Estou preocupada que as pessoas pensem que talvez *eu pense que sou especial*? Que estou *apaixonada por mim mesma*?

Espere.

Não é essa a META? As pessoas não pagam terapeutas para se sentirem orgulhosas, para se apaixonarem por si mesmas, para pensarem que são especiais?

Agora, vamos todos colocar os chapéus pensantes de Gloria Steinem e ver se conseguimos decifrar este enigma: *qual é o oposto de uma mulher arrogante, imodesta e ousada?*

Alguém sabe?

Uma mulher submissa, pudica, tímida.

Quem, em nome de Ruth Bader Ginsburg e da Rainha Beyoncé, quer ser uma mulher submissa, pudica, tímida?!

VOCÊ quer? Porque eu certamente não quero.

Fico *indignada*.

Mas ainda não consigo receber um elogio.

Assim como nenhuma das mulheres que conheço.

Quer saber? Não acho que fomos criadas para isso.

simsim**sim**sim**sim**sim**sim**sim**sim**sim**sim**sim

Mindy Kaling frequentou a faculdade de Dartmouth. Eu frequentei a faculdade de Dartmouth. Na verdade, tem meio que uma máfia legal de mulheres de Hollywood que frequentaram Dartmouth. Connie Britton. Rachel Dratch. Aisha Tyler.

O quê? Cinco é uma máfia, *sim*!

A questão não é essa. A questão é que certo dia estou sentada, pensando na vida, quando um membro da máfia que não conheço pessoalmente, mas cujo programa de TV assisto com obsessão, me liga. De verdade.

Mindy Kaling está ao telefone.

Agora, para deixar claro, não assisto muito a TV durante minha temporada. Porque estou trabalhando. Mas o programa de Mindy Kaling era algo que eu assistia em tempo real, quando ia ao ar, e tentava nunca perder.

Mindy Kaling está *ao telefone*.

Ela pergunta se posso fazer uma participação no programa dela, *The Mindy Project*.

Tipo, atuar.

Tipo, uma atriz.

Tipo, atuar como uma atriz no programa dela.

O programa a que assisto em tempo real quando vai ao ar e nunca perco.

Aquele estrelado por Mindy Kaling.

É uma piada, certo?

Estão me filmando, e depois isso vai para a internet e as pessoas vão rir de mim. Todos os meus terrores do segundo grau estão se realizando. Definitivamente é uma piada.

Mas não é. Ela fala sério.

Mindy Kaling fala *sério*.

Ela quer que eu vá atuar em *The Mindy Project*.

Não é dar discurso.

Não é ser convidada para um *talk show*.

É ser atriz.

É atuar.

É fazer uma versão fictícia de mim mesma, sim. Mas, mesmo assim...

Atuar. Na TV.

Não tenho muita escolha. Estou no Ano do Sim.

Além disso? Sou apaixonada pelo programa dela.

E, além disso?

Mindy é uma irmã de Dartmouth. Um membro da máfia.

E Mindy é uma P.U.D.

Primeira. Única. Diferente.

Imagino quantas perguntas ela deve receber sobre ser uma mulher indo-americana. Provavelmente tantas perguntas quanto eu recebo sobre ser uma mulher afro-americana.

Como uma mulher afro-americana, qual é a sensação de *preencher a lacuna*?

Eis uma dica. A resposta, não importa como preencha essa lacuna, é sempre a mesma: eu não sei. Como jamais deixei de ser uma mulher negra, não sei qual é a sensação específica de ser qualquer outra coisa. É uma pergunta esquisita. Parem de perguntar isso.

Aposto que Mindy odeia a coisa de P.U.D. tanto quanto eu.

Digo que sim.

Imediatamente após dizer sim, fico apavorada com a coisa toda. Penso nas maneiras em que posso cancelar. Penso em pegar uma doença séria. O terceiro Chris em minha vida (se você está contando, temos o Chris assessor de imprensa e o Chris padrinho), meu agente, Chris Silbermann, diz que não tem como eu cancelar. Ele diz que eu disse que faria, e ele falou que eu faria. Diz que vou fazer. Diz isso com muita firmeza.

Acho que o Chris assessor de imprensa e o Chris agente andaram conversando.

Lembre-me de fazer algo em relação a isso.

Por que estou tão assustada?

Não estou preocupada com entrar em pânico durante as filmagens. Sobrevivi às filmagens para *Kimmel* por uma hora inteira. Posso sobreviver a algumas tomadas sem hiperventilar.

Não estou preocupada com estar no set de filmagens e o elenco e a equipe serem maldosos ou caçoarem de mim. Equipes de TV são famosas por terem pessoas ótimas, e ninguém jamais caçoa de convidados no set.

Estou preocupada com o que acontecerá quando for ao ar.

Não por causa de minha habilidade de atuar. Não acho que ninguém vai me assistir atuando e dizer: "Meu Deus, é melhor a Meryl Streep se aposentar, porque aí vem a Shonda!"

Nem mesmo acho que vão dizer que aquele joão-ninguém do teatro comunitário deveria se aposentar. Mas sei que não vou me envergonhar totalmente. Bem... posso me envergonhar, mas tenho algumas séries na TV, gente. Entendo a magia que pode acontecer em uma sala de edição. Se eu cobrir de vergonha o set de filmagens de *The Mindy Project*, os produtores do programa gentilmente esconderão na edição. E, se forem espertos, usarão as gravações para me chantagear pelo resto da vida.

Estou preocupada com os sussurros das pessoas: "*Quem ela pensa que é, atuando em um programa de TV? O quê? Ela acha que é tudo isso? Tem uma opinião tão boa de si mesma? Ora, mas não estamos um pouquinho apaixonados por nós mesmos ultimamente?*"

Você me ouviu.

Tenho medo que as pessoas pensem que gosto demais de mim mesma.

simsimsimsimsimsimsimsimsimsimsimsim

Estou no Twitter, verificando o mundo, e vejo um tuíte de alguma página sobre maternidade. Ele diz: "Privação de sono é um distintivo de honra para mães."

O quê?

Um distintivo de honra?

Bem ali, meu cabelo pega fogo. Meu cabelo simplesmente se acende com ódio imediato. O ódio pode ser particularmente ruim, porque ainda tenho um pouco de transtorno de estresse pós-traumático da época em que minha filha mais velha era pequena.

Meu bebê perfeito, lindo e milagroso?

Nunca dormia. NUNCA. Jamais.

Então, eu também não.

Doze anos depois, as lembranças daquelas noites, daquela privação de sono, ainda me fazem balançar um pouquinho de um lado para o outro. Quer torturar alguém? Entregue à pessoa um lindo bebê que ela ama e que não dorme.

Distintivo de honra?

Mal necessário, sim. Pé no saco, sim.

Distintivo de honra?

Tá de sacanagem comigo? Quem acredita nessa besteira? Quem está bebendo desse xarope insano?

Mas muita gente está. A MAIORIA das pessoas.

Não acho que jamais me ocorreu antes quantas e o quão frequentemente as mulheres são elogiadas por exibirem traços que basicamente as tornam invisíveis. Quando penso nisso de verdade, percebo que o culpado é a língua em geral usada para elogiar as mulheres. Principalmente as mães.

"*Ela sacrificou tudo pelos filhos... Jamais pensou em si mesma... Desistiu de tudo por nós... Ela trabalhou incansavelmente para se certificar de que tínhamos o que precisávamos. Ela ficou à sombra, foi o vento sob nossas asas.*"

Empresas de cartões de mensagens são construídas sobre essa ideia.

"*Diga a ela que todas aquelas coisas que ela faz o ano todo e que parecem passar despercebidas significam muito para você.*"

Com um cartão de 2,95 dólares.

O dia das mães é construído sobre essa ideia.

Isso é *bom*, nos dizem. É *bom* o quanto a mamãe se diminui e se martiriza. A mensagem é: mães, vocês são pessoas tão maravilhosas e boas porque se fazem menores, porque se negam as próprias necessidades, porque se recolhem incansavelmente às sombras e ninguém jamais agradece ou repara... isso tudo torna você INCRÍVEL.

Eca.

Que diabo de mensagem é essa?

Será que ALGUÉM elogiaria um homem por isso?

Esses não são comportamentos que alguém esperaria passar para as filhas, certo?

Certo?

Não estou dizendo que a MATERNIDADE não deva ser elogiada. A maternidade deve ser elogiada. A maternidade é maravilhosa. Estou elogiando agora. Acho incrível.

Há muitas formas e razões pelas quais mães podem e devem ser elogiadas. Mas por cultivarem uma noção de invisibilidade, de martírio e por trabalharem incansavelmente despercebidas e não ouvidas? Esses não são motivos.

Elogiar mulheres por ficarem à margem?

Errado.

Onde está o cartão que elogia os tipos de mães que conheço? Ou, melhor ainda, o tipo de mãe pelo qual fui criada?

Preciso de um cartão que diga: "*Feliz dia das mães para a mãe que me ensinou a ser forte, a ser poderosa, a ser independente, a ser competitiva, a ser ferozmente eu mesma e a lutar pelo que quero.*"

Ou "*Feliz aniversário para a mãe que me ensinou a discutir quando necessário, a me posicionar a respeito de minhas crenças, a não recuar quando sei que estou certa*".

Ou "*Mãe, obrigada por me ensinar a arrasar no trabalho. Fique boa logo*".

Ou simplesmente: "*Obrigada, mãe, por me ensinar como ganhar dinheiro e me sentir feliz ao fazer isso. Feliz Natal.*"

Onde estão os cartões para o tipo de mãe que tento ser? Para o tipo de mãe que preciso que minhas filhas vejam? Para o tipo de mãe que espero que minhas filhas sejam um dia?

E, se não tem cartão, o que tem?

Tem eu.

Preciso ser meu próprio cartão. E, para fazer isso, preciso, pelo menos, conseguir aceitar um elogio.

simsim**sim**sim**sim**sim**sim**sim**sim**sim**sim**sim

Na primeira vez que tento fazer, é patético.

— Essa cor fica boa em você.

Estou em um elevador. Apenas eu e outra pessoa. Um homem bonito. Ele sorri para mim. *Por que* o cara está sorrindo para mim?

Sou reconhecidamente ruim em saber quando alguém está flertando comigo. Mais tarde, meu amigo Gordon dirá: "Sua boba. Ele estava flertando com você. Estava tentando se encontrar com sua cliente."

"Encontrar com a cliente" é a gíria de Gordon para ir para a cama. Veja bem, a cliente é minha...

Continuando.

Encaro o homem bonito que talvez queira uma reunião com a cliente. Confusa. Ele ergue a sobrancelha.

Fale, Shonda, fale.

Finalmente me recomponho. "O quê?"

É isso que digo a ele. E meu "o quê" não é bonitinho, não é em tom de flerte, separando as sílabas e fazendo voz aguda no final, tipo "o que-êêê?" Meu "o quê" é um "O QUÊ" monótono de pedreiro que está voltando mal-humorado para o trabalho.

O potencial conhecedor da cliente parece chocado. "Eu disse que essa cor fica boa em você."

Olho para o meu vestido. É azul cerúleo. Só sei que é azul cerúleo porque Meryl Streep fez um monólogo de tirar o fôlego sobre essa cor em *O diabo veste Prada.*

Amo o trabalho de Meryl Streep. Sei que todos amam. Mas amo mesmo. Mais do que você. Amo tanto o trabalho de Meryl Streep que não importa que papel ela faça, torço pelo personagem dela. Embora muitos achem que *O diabo veste Prada* é sobre como aquela chefe é malvada, eu sei que estão errados. Para mim, está claro que é uma exposição ousada sobre como é difícil encontrar uma boa assistente. Meryl, aliás, provavelmente sabe como aceitar um elogio. Vai, Meryl, arrasa com o azul cerúleo!

Na verdade, eu basicamente pensei nisso tudo enquanto estava de pé no elevador com aquele homem. Aquele interessado na cliente. Pode ver por que tenho dificuldade com conversa fiada.

Mas meu vestido é azul cerúleo e ele gosta. Ele gosta do vestido em mim.

Espere.

Ele disse que gosta.

E percebo que é isso. Está acontecendo. Minha chance.

Diga. Apenas diga "obrigada". Então sorria. E não diga mais nada. Não ofereça palavras de desculpas ou remorso por ter a audácia de usar um vestido do qual alguém poderia gostar. Apenas fique de pé aí, confiante e corajosa. Como se você também achasse que a cor lhe cai bem. "Obrigada", respondo.

Bom. Sorria, Shonda. Cale a boca, Shonda.

Eu me obrigo a sorrir. E é aí que as coisas dão muito errado.

Acho que talvez minha boca esteja muito seca ou talvez eu esteja nervosa ou tão determinada a fazer aquilo direito que meu sorriso sai... bem, sai assustador.

Como um sorriso de Buffalo Bill. Não o caubói Buffalo Bill. O Buffalo Bill de *O silêncio dos inocentes*, que fazia você colocar hidratante na pele ou sofreria com a mangueira de novo.

Aquele sorriso. Um rosto assustador, repuxado, de palhaço fantasmagórico era o que ele devia estar vendo, porque o cara legal, que provavelmente estava flertando comigo momentos antes, agora se espreme no canto do elevador, para longe de mim como se eu tivesse me tornado um zumbi que quer devorar o rosto dele.

Então, em vez de deixar para lá... Em vez de pensar "Tanto faz, faça melhor da próxima vez"... Em vez de deixar que o osso de galinha seja um osso de galinha, tento explicar ao pobre homem.

"Isso foi assustador, certo? O rosto? Eu estava sorrindo. Eu não estava fazendo direito, porque agora digo "sim" a elogios, mas ainda não estou acostumada, e você foi meio que o primeiro, a cobaia, e eu não estava esperando aqui, neste elevador, sabe, haha, então, quando disse a coisa legal sobre a cor, que é azul cerúleo, aliás, eu só meio que..."

PLIM.

E as portas se abrem e o cara bonito e muito legal que gosta daquela cor em mim corre para salvar a própria vida e fugir da maluca no elevador. Em minha defesa, não saio atrás dele para continuar tentando me explicar. Acredite em mim, eu até quero. Mas não posso. Estou a caminho do consultório da ginecologista.

A Dra. Chein precisa se encontrar com minha cliente.

Meia hora depois, a Dra. Chein (bem, eu a chamo de Connie, porque preciso tratar pelo primeiro nome qualquer um que entre em mim), *Connie*, está abaixada entre minhas coxas; meus pés estão elevados sobre estribos. Ela está fazendo toda aquela coisa da amostra com espéculo e, no momento, acende uma luz bem dentro da minha *vajayjay* para olhar para sabe-se lá onde. Talvez encontre minha dignidade lá dentro.

— Você tem um bom útero! – exclama Connie.

Eu ergo o corpo para me apoiar nos cotovelos e abaixo o rosto para ela.

— Obrigada, Connie — respondo. Sorrio. E não digo mais nada.

Não quero me gabar nem nada, mas é *assim* que se faz, gente.

simsimsimsimsimsimsimsimsimsimsimsim

Conforme as semanas passam, essa parte — obrigada, sorriso, cale a boca — fica mais fácil. É preciso prática, mas começo a melhorar devagar.

Obrigada, sorriso, cale a boca.

E o que acontece quando me dou permissão para apenas ouvir os elogios, sem pedir desculpas ou dispensá-los ou negá-los?

Começo a gostar dos elogios.

Os elogios significam algo para mim.

E, o mais importante: o fato de que alguém parou e tomou tempo para me elogiar significa algo para mim.

Ninguém tem a obrigação de elogiar você.

As pessoas fazem isso por bondade.

Fazem porque querem.

Fazem porque acreditam no elogio que oferecem.

Então, quando você nega o elogio de alguém, você está dizendo à pessoa que ela está errada. Está dizendo que ela desperdiçou tempo. Está questionando o gosto da pessoa e o bom senso dela.

Você a está insultando.

Se alguém quer elogiar você, deixe.

Mas isso não é o suficiente. Essa não é, começo a perceber, nem mesmo a questão.

É como a pose da Mulher-Maravilha.

Obrigada, sorriso, cale a boca. É bom para você.

Mas é uma pose.

É algo do tipo "finja até conseguir".

Não é *real.*

Posso ficar parada e fazer a pose da Mulher-Maravilha o dia todo, mas isso não me torna a Mulher-Maravilha. Porque, quando as mãos dela deixavam o quadril e ela ia embora, a Mulher-Maravilha jamais dizia à amiga: "Não, que isso, não sou heroína. O modo como o mundo foi salvo foi pura sorte. Mal fiz nada. Quer dizer, se não tivesse o laço e estes braceletes, estaria completamente perdida... Quer dizer, sou apenas uma amazona de 1,80 metro com um sonho."

A Mulher-Maravilha mataria essa versão de si. Ela atropelaria aquela vergonha de Mulher-Maravilha submissa e pudica com o avião invisível.

A Mulher-Maravilha não finge.

A Mulher-Maravilha é graduada em *duroneza.*

É uma palavra.

Duroneza.

Sei que é uma palavra porque acabei de digitar duas vezes, e meu computador perguntou se eu queria ignorar ou adicionar a meu dicionário. Escolhi adicionar ao dicionário. Uma palavra que está no dicionário é definitivamente uma palavra.

Duroneza.

É uma palavra. O dicionário mais ou menos meio que disse

Duroneza:

1. (subst.) prática de conhecer as próprias realizações e habilidades, aceitar as próprias realizações e habilidades e celebrar as próprias realizações e habilidades; 2. (subst.) prática de viver a vida com autoridade: AUTORIDADE (subst. ou verbo) um estado de espírito que envolve amar a si mesmo, andar "desse jeito" e não dar a mínima para o que os outros pensam de você. *Termo primeiramente cunhado por William Shakespeare.*

A Mulher-Maravilha não finge. A Mulher Maravilha fala sério. A Mulher-Maravilha é toda autoridade e duroneza.

Elogie a Mulher-Maravilha e ela vai dizer: "É, sou uma heroína. É, salvei o mundo. E agora?"

A Mulher-Maravilha não está preocupada que a amiga se sinta mal. A Mulher-Maravilha não está preocupada que as pessoas pensem que ela se acha melhor do que as outras.

Porque, adivinhe só?

Quando se trata de usar um laço e braceletes mágicos e pilotar um avião invisível, a Mulher-Maravilha é melhor do que as outras. Ela, a droga da Mulher-Maravilha. Já viu as botas dela?

Se Serena Williams disser a um repórter algo como: "Sou a melhor jogadora de tênis que você vai ver em sua vida." Aposto que ela não se preocupa que as pessoas pensem que ela é melhor do que os outros no tênis. Porque é SERENA WILLIAMS.

Isso é autoridade. Isso é *duroneza.*

Quer mais exemplos?

Acha que a Oprah não sabe que é a melhor apresentadora de *talk show* que já existiu? Acha que ela fica acordada à noite preocupada que as pessoas pensem que ela se acha a melhor? Não. E a Audra McDonald, com seu recorde de seis prêmios Tony, não pode, de modo algum, chegar nervosa para o ensaio porque alguém achará que ela se acha a melhor atriz da Broadway, certo?

Eu sinto que Julia Child saía andando com autoridade por aí.

Taylor Swift. Todo tipo de duroneza jovem.

Bey. Malala. Mo'ne Davis. As primeiras Rangers do Exército do sexo feminino. Misty Copeland.

Só estou dizendo.

E acho que a questão é esta: todos têm grandeza dentro de si.

Você tem. Aquela garota ali tem. Aquele cara à esquerda tem um pouco. Mas, para cultivá-la de verdade, é preciso tomar posse dela. Precisa abraçá-la. Precisa acreditar nela.

Serena não está preocupada que sua amiga se sinta mal se não for tão boa no tênis quanto a própria Serena. Sabe por quê? Porque, para ser tão boa quanto Serena, é preciso estabelecer a meta de que NINGUÉM seja tão bom quanto você no tênis.

Então precisa tornar isso uma verdade.

E precisar aceitar ser melhor do que todo o resto.

Uma das coisas mais surpreendentes a respeito de *Grey's Anatomy* ter se tornado um grande sucesso foi como isso me deixou infeliz.

Como eu fiquei assustada, triste e nervosa. E envergonhada.

Meu pai costumava nos dizer: "O único obstáculo ao seu sucesso é a sua imaginação."

Ele dizia tanto isso que às vezes ouço a voz dele enquanto durmo.

É claro que ele estava certo.

Depois que o sucesso veio, não sabia o que fazer com ele. Muitos de meus amigos eram escritores passando por dificuldades. De repente, eu não estava mais entre esse grupo. Estava do lado de fora, olhando para dentro. Não tinha certeza do que essa mudança significaria. Eu queria que tudo se mantivesse igual.

Não sentia que seria legal comemorar. Não tem problema ser competitiva quando todos estão no mesmo campo de treinamento. Mas quando você é a única que participa do jogo...

Peguei meus troféus e os enfiei no fundo de um armário e não falei sobre a série com ninguém que não trabalhasse nela. Nunca. Se alguém a mencionasse, eu afastava o assunto. Abaixava a cabeça. Gesticulava com a mão.

Não, não olhe para mim. Este laço? Estes braceletes? Não são nada.

Eu estava tão animada com o emprego. Estava apaixonada pela televisão. Apaixonada pela magia dela. O ritmo, a agitação. A criatividade. Eu escrevia: "INTERIOR DA SALA DE CIRURGIA — DIA" e eles construíam uma sala de cirurgia. Mágica.

No dia seguinte à sala de cirurgia estar pronta, eu passava a tarde toda naquela sala sozinha, brincando. Era a minha despensa de novo.

Eu pegava pás do desfibrilador e gritava: "Afastem-se!"

Agitava os braços e gritava: "Droga, Richard, precisamos salvá-lo! Pinça!"

Sonho realizado.

Mas, quando eu não estava no trabalho, era como se ele não existisse. Eu escondia tudo. Era como um segredinho sujo. A frase "esconda a lanterna sob o vaso" vem à mente. E quanto mais eu escondia, mais parecia sujo. Mais eu ficava infeliz.

Não sabia como comemorar meu sucesso diante das dificuldades contínuas de meus amigos. Eu me preocupava que eles pensassem que eu me achasse melhor do que eles. Colocava muita comida sobre isso tentando lidar com esse problema. E, aliás, gordura criava um equilíbrio muito bom. Gordura e sucesso pareciam muito menos ameaçadores.

Anos se passaram. Mais séries nasceram.

E fora do escritório eu segurava as pontas. "Sou *apenas* uma escritora."

Eu dizia muito isso. Era minha resposta amigável a tudo. Minha forma de me certificar que as pessoas soubessem que eu não achava que estava fazendo nada especial. Meu modo de não ser arrogante ou convencida. "Sou *apenas* uma escritora."

Não tinha um pingo de duroneza aí.

Nenhuma autoridade à vista.

Ainda não conseguia tomar posse de ser poderosa. Tentava muito me tornar menor. O menor possível. Tentava não ocupar espaço ou fazer muito barulho. Sempre que eu recebia um prêmio ou algo grandioso acontecia, trabalhava para parecer um pouco mais boba e meiga e simples, diante de minha grandiosidade.

Só queria que todos se sentissem confortáveis.

O engraçado é que ninguém jamais me pedia para fazer isso

Só parecia ser o que eu deveria fazer.

Como se fosse natural.

— Sou *apenas* uma escritora.

Não estou aproveitando todo esse sucesso, sabe? Não é nada demais. Eu claramente não acho que sou especial. Claramente não estou me amando.

Sim.

Eu claramente NÃO estava me amando. Todos concordariam com isso.

Não sei se algum dia teria mudado. Se Delorse não tivesse dito as seis palavras e esse Ano do Sim não tivesse acontecido.

Então, sim.

Agora consigo aceitar um elogio. Obrigada. Sorriso.

Mas agora tenho essa nova meta. Eu quero.

Duroneza.

Quero me sentir livre para ter autoridade.

Eu decido. *Sim, não tem problema em buscar isso.*

— Você não está se gabando se for capaz de fazer — sussurro comigo mesma no chuveiro toda manhã. Essa é minha citação preferida de Muhammad Ali. Se me perguntar, Ali inventou a autoridade contemporânea.

Eu me atiro em um caminho na direção da duroneza total.

As pessoas ao meu redor reparam na mudança imediatamente.

Meus três amigos mais próximos gostam de analisar isso.

Scott me diz que é chocante observar. Ele me diz que falo mais. Que eu costumava ser calada. Que gosta disso em mim.

Zola declara: "Toda sua energia mudou. Sua presença em uma sala mudou."

Gordon me diz que pareço feliz. E mais jovem. Ele acha que minha cliente terá mais reuniões.

Certamente sinto a diferença. É assustador e extasiante. Mentalmente, estou tentando ser tão arrogante e imodesta e ousada quanto posso. Estou tentando ocupar o máximo de espaço que preciso ocupar. Não me tornar menor para que outra pessoa se sinta melhor. Estou me permitindo desavergonhada e confortavelmente ser a voz mais alta na sala.

Nunca sou apenas sortuda.

Tento com afinco pensar que sou especial, estar apaixonada por mim mesma, estar orgulhosa de mim mesma.

Luto pela duroneza.

Homens fazem isso o tempo todo. Aceitam o elogio e fogem. Não se diminuem. Não pedem desculpas por serem poderosos. Não diminuem as realizações deles.

Duroneza, estou descobrindo, é um novo nível de confiança — tanto em si quanto naqueles ao redor. E agora sinto como se pudesse ver tantas coisas incríveis sobre mim mesma e sobre as pessoas que me cercam. É como se antes, ao me esconder e me preocupar e ser infeliz, eu não estivesse olhando para as pessoas perto de mim e vendo como elas são realmente habilidosas e incríveis. Certamente, não havia nada em mim que poderia ter sido positivo e animador e inspirador para elas. Não quando eu estava tão ocupada me escondendo e tentando ser menor e ser nada.

Comecei a pensar que somos como espelhos. O que você é se reflete de volta para você. O que vê em si mesmo, pode ver nos outros, e o que outros veem em você, podem ver em si mesmos.

Isso é profundo.

Ou é burro.

O que quer que seja, ainda se resume à Mulher-Maravilha. Você fica de pé daquele jeito, naquela pose e, depois de um tempo, começa a se sentir como a Mulher-Maravilha, e as pessoas começam a olhar para você e VER a Mulher-Maravilha. Estranhamente, isso faz com que elas se sintam melhores quando estão perto de você.

As pessoas gostam de estar perto de pessoas completas, saudáveis, felizes.

simsimsimsimsimsimsimsimsimsimsimsim

Eu estava deitada na grama outro dia, observando minhas duas meninas mais novas, Emerson e Beckett, correrem. Elas estavam vestindo umas capas de super-heroínas azul-claro e translúcidas, de *Frozen*, que minha irmã Delorse fez para elas. Sei que não há super-heroínas em *Frozen*, mas ando vivenciando uma crise existencial sobre princesas e feminismo e normalização das imagens que minhas filhas veem e por que todas as calcinhas de super-heroína para meninas nas lojas são rosa quando nenhuma fantasia de super-heroína é rosa e...

Veja bem, elas estão vestindo capas de super-heroína azul-claro e translúcidas de *Frozen* porque eu disse a elas que Anna é uma super-heroína júnior com uma irmã negra e um irmão homossexual — ambos governam outros países porque, sabe, eles têm empregos. Você exerce sua maternidade do seu jeito. Eu exerço do meu.

Emerson faz ruídos de avião. Beckett gira e gira e corre com os bracinhos erguidos e gorduchos de uma menina com menos de 2 anos, o cabelo cacheado dela esvoaça. Então Beckett para. Ela me olha.

— Mamãe — diz ela, sorrindo. Beckett está sempre sorrindo. — Mamãe, eu sou mm-crível.

Emerson para por tempo suficiente para fazer uma correção.

— IN-crível! E eu sou ARAVILHOSA!

E então?

Elas saem andando com autoridade.

Beckett volta a girar. Emerson volta aos ruídos de avião. As capas azuis translúcidas velejam ao vento.

Quem dera todas nós tivéssemos 2 e 3 anos, penso.

Eles jamais pedem desculpas pela maravilha. Não se diminuem para ninguém. E inventam mesmo suas palavras.

Essa é uma duroneza aravilhosa e mmcrível.

Caio na gargalhada. Eu estava feliz.

Eu *sou* feliz.

simsim**sim**sim**sim**sim**sim**sim**sim**sim**sim**sim

Quando chega o momento de filmar minha participação em *The Mindy Project*, estou pronta. Exibo toda a autoridade que tenho. Me besunto toda de duroneza. Então vou para o set de filmagens. O que acontece a seguir é um redemoinho. Estou de pé com meus atores preferidos em uma sala cheia de parafernália de Dartmouth. A experiência de estar tanto na faculdade quanto dentro do meu set de filmagens ao mesmo tempo é surreal. Mandam que eu diga uma fala aqui e fique de pé ali. Que olhe para cá e vá para lá. Que eu me mexa assim e assado. Tento muito ser obediente e fazer o que me mandam. De repente, tenho um novo respeito pelo quanto é difícil atuar diante de uma câmera. Também percebo que, como escritora, realmente não sei o que acontece na área da equipe dos meus estúdios. Eu me divirto. Rio. São incrivelmente carinhosos comigo. Ike Barinholtz, que é um dos roteiristas e atua no programa, se torna minha pessoa preferida no mundo. Consigo tirar fotos com todos.

Saio com um sorriso no rosto.

Não sei se atuarei de novo. Mas, se essa foi minha única experiência, foi perfeita.

Quando o episódio vai ao ar, faço a coisa mais corajosa, tão cheia de duroneza e autoridade. Sento no meio da sala de estar; ligo a TV. E, em tempo real, assisto a *The Mindy Project*. Não me encolho ao me ver. Não penso: "Quem aquela garota pensa que é?"

Eu me olho de cima a baixo e penso: "Nada mal. Na verdade, um pouco aravilhosa e mmcrível." Coloco minha capa de super-heroína azul de *Frozen* e giro um pouco.

Bem, faço a versão adulta disso. O que significa que abro uma grande garrafa de vinho e me sirvo de uma taça.

simsim**sim**sim**sim**sim**sim**sim**sim**sim**sim**sim

Mais ou menos na mesma época, minhas assistentes me dão um presente. Elas sabem que sou fã de política da mesma forma que algumas pessoas são fãs de futebol americano ou beisebol. Já assisti ao canal C-SPAN e chamei de diversão. A noite da eleição é meu Super Bowl, e fico diante da TV para a cobertura completa de toda a posse presidencial desde que era adolescente. O fato de o presidente Bill Clinton ter dito no *The Ellen DeGeneres Show* que adora tudo o que faço em meu trabalho foi algo grande e extremamente legal.

Rasgo o lindo papel de presente. Dentro está uma camiseta.

A camiseta diz: *Bill Clinton Adora TUDO o que eu faço.*

Em letras grandes e em negrito.

Amei tanto essa camiseta que cheguei a gritar de felicidade quando a vi. É perfeita. Mas não é para os fracos. Essa camiseta é *brega* até o fim. A camiseta exige coragem. A camiseta exige autoridade. Foi um esforço grande eu usar a camiseta fora de casa. Foi preciso muita duroneza.

Vesti a camiseta e usei durante um dia inteiro. E sempre que alguém fazia um comentário a respeito, legal, malicioso ou qualquer coisa, eu só tinha uma resposta:

— Obrigada. — Sorriso. Cale a boca.

Agora, se me dá licença, preciso ir trancar a Porta Número Dois. Preciso ir, entende. Já passou meia hora da Duroneza em Ponto, e estou atrasada para meus aplausos.

NOTA SOBRE TEMPO

Sim a outros Anos do Sim

O ano de 2015 já avançou bem quando percebo que o Ano do Sim deveria ter terminado há meses.

O conceito de terminar meu Ano do Sim me deixa com uma sensação de vazio. Perambulo por alguns dias pensando que talvez esteja ficando doente. Quando me arrumo para deitar naquela noite, percebo que estou desenvolvendo um caso muito sério de medo.

Estou apenas começando a entender que o simples ato de dizer "sim" não apenas transforma a vida: ele salva a vida. Agora vejo dois caminhos: um pedregoso e irregular que sobe a montanha, e um tranquilo e fácil que desce. Posso lutar para fazer a escalada rochosa, ficar com alguns ferimentos, arriscar me machucar. E posso ficar de pé no topo da montanha e respirar o ar rarefeito ao sol morno, absorvendo o mundo inteiro diante de mim. Ou posso tomar o caminho fácil para baixo. Não há sol lá embaixo. Nenhum ar. Mas é quente. É seguro. Ah, e existe um grande suprimento de pás. Mas, na verdade, não tem por que me esforçar tanto. A terra é boa e macia; se eu apenas me enroscar no chão, irei, aos poucos, afundar o bastante para abrir minha própria cova.

Os anos e anos de dizer "não" foram, para mim, uma forma silenciosa de deixar para lá. Um meio silencioso de desistir. Uma retirada fácil do mundo, da luz, da vida.

Dizer "não" foi uma forma de desaparecer.

Dizer "não" foi minha própria forma silenciosa de suicídio.

O que é loucura. Porque não quero morrer.

Enquanto estou deitada na cama, mais tarde, percebo que não quero terminar meu Ano do Sim. Sou um projeto em andamento. Acabei de descobrir como ter um pouco de autoridade. Não consigo parar agora. Não quero parar agora. Preciso parar agora?

O que começou como um pequeno desafio de minha irmã enquanto ela picava cebolas na manhã de Ação de Graças se tornou uma empreitada de vida ou morte. Agora quase tenho medo de dizer a palavra *não*. Não posso mais responder a qualquer desafio com *não*. Essa palavra não é mais uma opção para mim. Sei que não posso bancar dizê-la — o custo é alto demais. O medo de que eu possa deslizar de volta para baixo, para a base daquela montanha, o conhecimento do quanto seria *fácil* fazer isso, do quanto a vida é confortável na base da montanha é... bem, é o suficiente para manter a palavra *não* afastada de meus lábios.

Posso viver a vida ou posso desistir dela.

O que aconteceria se eu desistisse de novo? Quem eu me tornaria? Quanto tempo eu levaria para começar a escalar de novo? *Será* que eu sequer teria forças para começar a escalar de novo? Ou esse seria meu fim?

Não estou pronta para isso. Não posso terminar. Esse não é o fim.

Essa não é a linha de chegada.

Estou *inacabada*.

Então, não importa o quanto eu queira, não posso mais me permitir dizer "não". *Não* já não faz parte do meu vocabulário. *Não* é um palavrão.

O tempo tinha acabado.

O ano tinha terminado.

Mas eu não.

E foi assim que o Ano do Sim passou de 12 meses para o sempre.

Posso fazer isso.

Posso mudar o desafio se quiser.

Ele é meu.

Além disso, não estou mais funcionando no tempo normal mesmo.

Já viu meu relógio?

Estou totalmente sincronizada com o Horário da Duroneza.

Dizer sim... dizer sim é coragem.

Dizer sim é o sol.

Dizer sim é vida.

11

Sim ao não, sim a conversas difíceis

Quando eu tinha 15 anos, fiz minha primeira aula de direção.

Estava animada. Tinha estudado as regras da estrada; a permissão para dirigir estava perfeitamente dobrada na minha genuína carteira de couro falso do Duran Duran. Estava dedicada a tirar a carteira porque, depois que conseguisse, meu pai me deixaria ir para a escola dirigindo sozinha no Renault Alliance cor de manteiga que estava na garagem. Dirigir significava liberdade. Dirigir significava que um dia, um dia muito, muito próximo, eu poderia sair do subúrbio direto para algum lugar no qual eu estava destinada a ir. Como Paris.

(Não exclame um "Não sabe que enfiaria o carro no oceano, sua tapada?" agora. Você está estragando o momento. Era minha primeira aula de direção. Todos os meus sonhos estavam se realizando. Deixe que eu aproveite isso.)

Naquela tarde, minha mãe me deixou na escola pública onde a aula de direção era oferecida. Esperei pacientemente que meu instrutor chegasse e, quando ele chegou, pude sentar atrás do volante de um carro pela primeira vez.

Foi incrível. Totalmente. Totalmente.

Com borboletas esvoaçando no estômago, olhei para o instrutor. Paciente e gentil, um pouco careca, ele era conhecido como um cara legal. Sorriu para mim, de maneira reconfortante. Sorri de volta e perguntei o que ele queria que eu fizesse.

Essa é basicamente a última coisa de que me lembro.

No fim das contas, o que ele queria que eu fizesse era ligar o carro e dirigir para fora do estacionamento, pela rua, subindo a rampa e seguindo direto para a rodovia.

A *rodovia*.

Muito depois, enquanto ele pressionava um papel toalha molhado contra meu rosto manchado de lágrimas e explicava que eu não precisava, jamais, contar aquela história para minha mãe (minha mãe, que faz a Khaleesi e seus dragões parecerem o Ursinho Pooh e que teria desmembrado o homem), descobri que o instrutor tinha confundido os horários dele. Por engano, achara que eu era uma outra aluna, mais experiente.

Logo antes de minha mãe chegar, perguntei a ele o que acontecera.

— Eu bati em alguma coisa?

A frase *o sangue se esvaiu do rosto dele* é real, gente. Eu vi isso acontecer com o instrutor. Foi a primeira vez que percebi que eu tinha, literalmente, me apavorado, até minha mente ter um branco.

Foi a primeira vez que meu cérebro se esvaziou de medo.

Foi o primeiro quadro retirado da minha parede.

E, quando relembro agora, só consigo pensar...

... por que deixei acontecer?

Quando o instrutor me disse para virar para a rampa que dava para a rodovia, por que não coloquei o pé no freio, o carro em ponto morto e olhei para ele e disse aquela palavra que teria mudado tudo? Aquela única palavra que poderia ter evitado que as pinturas estivessem em risco?

Uma. Palavra.

NÃO.

Não é uma palavra poderosa. Para mim, é a palavra mais poderosa de uma língua. Dita com clareza, força e frequência e ímpeto, pode alterar o curso da história.

Quer um exemplo?

Rosa Parks.

Vamos colocar borboletas no estômago de Rosa Parks.

E se Rosa Parks não dissesse "não"? E se Rosa Parks dissesse É, tudo bem, sem problemas, *oras, cedo o lugar e vou para os fundos do ônibus*? O Boicote dos Ônibus de Montgomery não teria sua heroína perfeita e precisa — uma senhora adorável e gentil, bondosa e firme, uma senhora que conquistou a imaginação e a consciência dos Estados Unidos — e talvez jamais aconteceria.

A família de meu pai é do Alabama. Assim como parte da de minha mãe. Se o boicote aos ônibus não acontecesse, será que alteraria o curso das vidas deles? Jamais teriam se conhecido em Chicago? Será que eu jamais teria nascido? Será que eu estaria sentada em minha casa escrevendo isto em Los Angeles, Califórnia, hoje?

Ora, olá, narcisismo. Faz páginas e páginas desde que nos vimos. Como você deve ter sentido minha falta.

Sim. Sim, acabei de sugerir que Rosa Parks ter dito "não" naquele ônibus diz respeito a mim. Você achou que eu não encontraria uma forma de fazer tudo apontar para mim?

Se não posso fazer com que todo um movimento de direitos civis seja a meu respeito, bem... qual é o objetivo de ser uma norte-americana egocêntrica? Eu disse que *você* precisava fazer com que o sacrifício incrível de Rosa Parks dissesse respeito a *você*?

Não.

Não, eu não disse.

NÃO.

A palavra mais poderosa da língua.

Viu só, você estava tentando me contar sobre como sou ridícula e acabei de cortá-lo.

Com NÃO.

Fiquem ao meu lado, amigos.

Quer outro exemplo?

Quando eu estava fazendo o piloto de *Grey's Anatomy*, tive a sorte de trabalhar com uma diretora de elenco realmente genial chamada Linda Lowry. Linda, que aliás é uma das pessoas que eu mais gosto no mundo, consegue perceber quando um ator será a chave que se encaixa na fechadura que abre a história em minha mente. Linda e o parceiro dela, John, montaram cada elenco de cada série que já fiz. Agora estamos com um a menos. Ligo para ela.

— Linda — diria eu — preciso de um homem.

Linda, que é refinada e elegante, não diz aquilo que meu amigo Gordon diria, que é: "Todo mundo precisa de um homem, mas você, principalmente, precisa de um. Olhe como está tensa. Leve sua cliente para uma reunião agora!"

Linda faz umas perguntas para descobrir que *tipo* de homem estou querendo escalar, então ela desliga e mais ou menos uma semana depois ela estaria ao telefone para dizer que encontrou um homem para mim.

E esse homem seria Jeffrey Dean Morgan. Ou Eric Dane. Ou Jesse Williams. Ou... Eu poderia continuar citando aqui vários nomes.

Quando conheci Linda, eu era inexperiente na TV. Era inexperiente com escolha de elenco. Oras, eu era inexperiente em usar outra coisa além de pijama e sair de casa — até o piloto de *Grey's Anatomy*, eu era escritora de cinema e trabalhava em casa. Tudo era novo para mim. E eu estava tão feliz por participar do brilhante mundo da TV — de olhos arregalados e simplória e maravilhada com tudo. Todos me mostravam como funcionava e eu era levada por eles.

Houve um momento no processo de escolha do elenco para *Grey's*, antes de sequer colocarmos os olhos em Sandra Oh, em que todos insistiam para que eu escalasse como Cristina alguma atriz que achavam ótima. Sinceramente, não lembro quem era a atriz, mas Betsy achava que ela era ótima, o estúdio achava que ela era ótima, todos achavam que ela era ótima. E ela era ótima. Eu também achava que ela era ótima. Mas eu não queria escalá-la. Agora sei o que não sabia na época — naquele nível, todos são bons atores; não há atores ruins, há apenas atores que não se encaixam no personagem. Essa atriz era apenas... não era a chave que se encaixava na fechadura que abria a história em minha mente.

Mas, na época, eu não sabia qual era o problema. Na época, eu só não queria escalá-la.

Todos insistiam. Betsy insistia. O estúdio insistia. Eu estava evitando ligações. Estava dizendo coisas vagas. Estava dizendo às pessoas que precisava pensar.

Esses eram os primeiros dias, antes de sequer filmarmos um único quadro. Eu estava muito animada, mas a introvertida em mim se arrependia de estar no epicentro de uma produção. Todos me perguntavam o que eu queria fazer. Naqueles primeiros dias, eu estava com medo de ter uma opinião, porque tinha medo de ter uma opinião diferente da de todos.

Betsy ficava me olhando, espantada. Quem diabos tinha substituído Shonda por aquela pessoa esquisita e vazia? A Shonda que ela conhecera durante o processo de escrita era entusiasmada e tinha opiniões fortes. Agora eu parecia me dissipar. Ficava com a cabeça baixa e evitava olhar para ela.

Certa manhã, Linda me ligou. Eu só a conhecia havia algumas semanas, e àquela altura tenho quase certeza de que Linda me achava uma tapada que não sabia falar, porque eu murmurava coisas como "Mais biscoitos", "Não sei" e "Preciso escrever mais", antes de fugir da sala.

Linda me pegou ao telefone.

— Shonda — disse ela, com firmeza —, está desperdiçando tempo. Está desperdiçando recursos. Atores são levados por outras séries a cada minuto. Estamos em um impasse, porque você não diz o que quer. Você e eu sabemos que não quer escalar essa atriz. Então precisa dizer isso, para que possamos seguir em frente e escalar alguém que você queira. Essa é sua série e, se você escalar alguém que não quer, não será sua série. Precisa dizer "não" a todos.

Reunimos todos ao telefone. Enquanto todos tagarelavam os motivos pelos quais aquela atriz seria a Cristina perfeita, eu conseguia sentir Linda respirando na linha. Ela estava esperando que eu falasse. *Se eu disser que não, eles podem decidir que não sei o que estou fazendo e tirar isso tudo de mim*, era minha preocupação. *Se eu disse que não, podem simplesmente fazer o que querem de qualquer forma.*

Por fim, disparei:

— Não.

Silêncio.

Eu jamais me impusera antes. Houve uma pausa.

Betsy tentou argumentar comigo. Tenho certeza de que para ela eu parecia um pouco louca. Estava tão ocupada murmurando e sendo levada por todos que jamais dizia nada. Até onde Betsy sabia, eu adorava a atriz.

— Mas, Shonda...

— Não. Eu não a quero. Não quero escrever para ela. Não. Não. NÃO.

Houve uma pausa. Então ouvi a voz de Betsy se animar. Agora posso dizer que essa energia vem da agitação. Não há nada de que Betsy goste mais como produtora do que alguém com uma visão criativa e sem medo de lutar por ela.

— Tudo bem — disse Betsy. — Não para aquela mulher. Tudo bem!

Eu também conseguia sentir o alívio dela. Shonda tinha voltado.

Eu estava tão aliviada quanto Betsy. Aquela foi a primeira vez que disse "não" no trabalho. Meu primeiro momento me impondo como líder, capitã do que todos achávamos que seria um minúsculo barco a vela chamado *Piloto Sem Título de Shonda Rhimes*, e que se revelou um transatlântico gigantesco chamado *Grey's Anatomy*.

Meu primeiro NÃO.

E meu NÃO preferido.

Por causa daquele NÃO, decidi que estava comandando o navio. E comecei a me comportar dessa forma. Comecei a me comportar como se a coisa no meu cérebro fosse nosso único e verdadeiro norte. E que seríamos guiados por ela, independentemente de tudo.

Por causa daquele NÃO, Sandra Oh entrou pela porta no dia seguinte. A fechadura em meu cérebro encontrou a chave. Cristina Yang nasceu.

simsimsimsimsimsimsimsimsimsimsimsim

Não é poderoso. É uma grande arma para se ter no arsenal. E é uma arma muito forte de se empregar.

Todos sabem o quanto é difícil dizer "não".

É um dos motivos pelos quais as pessoas parecem confortáveis em pedir favores aos quais não têm direito. Elas sabem como é difícil dizer não.

— Pode cuidar de meus filhos por uma hora?

— Posso usar seus brincos de diamante?

— Posso pegar seu carro emprestado?

Ou porque mandam você fazer coisas que não têm direito de mandar você fazer.

— Vou precisar que você trabalhe em meu turno.

— Preciso que você me empreste cem dólares.

A resposta a todas essas perguntas deveria ser "não" — a não ser que a pessoa que venha até mim seja um de meus amigos mais próximos ou um membro da família imediata. Sinceramente, se não são seus amigos mais próximos ou sua família, não têm direito de sequer fazer a pergunta. Não. Não. Não.

Mas é difícil dizer "não".

Embora eu tenha me tornado mestre em dizer "não" no trabalho, é diferente na vida pessoal. Tudo é diferente na vida pessoal. No trabalho tenho a proteção de falar em nome do que é melhor para a história, a série, o elenco, a equipe, os funcionários. Fora do trabalho, estou falando em nome do que é melhor para mim.

E quem sou eu?

Sou ótima em cuidar de outras pessoas. Então por que sou tão ruim em cuidar de mim mesma? Por que sou tão indisposta a mostrar a mim mesma a mesma bondade e consideração, a me dar um tempo, a me dar a mesma proteção e o cuidado que daria para qualquer outro?

Esse problema não mudou conforme me tornei mais bem-sucedida no trabalho.

Piorou.

Esse Ano do Sim revelou continuamente coisas novas para mim, conforme eu retirava minhas camadas. Quando cheguei a esse "sim", esse desejo de não ser um capacho, o Sim a dizer Não, as apresentações da televisão — a apresentação anual da indústria em Nova York, dos programas de outono de cada emissora, para os patrocinadores — tinham acabado de acontecer. Eu tinha acabado de ficar de pé no palco do Lincoln Center com Viola Davis ao meu lado, enquanto a ABC anunciava para o mundo que o imóvel mais valioso da televisão seria meu. Estavam programando a quinta-feira à noite com séries da Shondaland. Não apenas uma parte dela. Toda ela. *Grey's Anatomy* às 20 horas, *Scandal* às 21 horas e *How to Get Away With Murder* às 22 horas.

Há 13 anos, quando contei a meu agente Chris que queria deixar de escrever filmes para escrever TV, brinquei:

— Quero dominar o mundo pela televisão. — Eu brincava muito com isso, com amigos, com minhas irmãs, com todos.

Qual é a sua meta?

Quero dominar o mundo pela televisão.

Eu falava brincando. Mas não estava brincando. Jamais estava brincando.

E agora acontecia. No palco do Lincoln Center com Viola Davis ao meu lado.

Meu sonho estava se realizando.

Sabe o que acontece quando todos os seus sonhos se realizam?

Nada.

Percebi uma verdade muito simples: que o sucesso, a fama e a realização de todos os meus sonhos não me consertariam ou melhorariam. Não era uma poção instantânea para crescimento pessoal. A realização de todos os meus sonhos apenas parecia ampliar quaisquer qualidades que eu já possuía.

Minha inabilidade de ser uma ave de rapina? De dar uma de Olivia Pope em alguém? De consertar, de dar um jeito nas coisas?

De dizer "não"?

Em nome de minhas séries e minha equipe, minha presença ainda era poderosa. Na Shondaland, eu era realmente uma gladiadora. Eu era destemida. Lutava com energia interminável.

Mas fora do escritório? Em meu nome?

De alguma forma estou de volta à despensa.

Avise se precisar de enlatados.

Eu era como um cordeirinho indefeso esperando ser abatido.

Um cordeirinho indefeso adulto no comando de programas de televisão.

O mais insano de fazer sucesso é que todo mundo decide que você é rico. E não apenas rico. Decidem que você é um banco. A verdade é que ninguém sabe *ao certo* sua situação, e a presunção de que você tem um bolão é apenas uma presunção. Nem sempre verdadeira.

Se eu fosse rica de verdade — quero dizer rica mesmo, de fato, com dinheiro para várias gerações — eu estaria em Vermont. Fazendo geleia. E escrevendo romances. Enquanto meu namorado musculoso e faz-tudo, que se chamaria Fitz ou Derek ou Jake ou Burke cortaria lenha e faria o jantar.

Está vendo que não estou em Vermont, certo? Está vendo que não estou fazendo geleia? E que os únicos Fitzes e Dereks são fictícios?

Está vendo isso porque você está aqui comigo. Mas outros... Os outros têm aqueles símbolos do dólar de desenhos animados dentro das órbitas dos olhos de desenhos animados.

Assim que coloquei uma série no ar, as pessoas saíram das tocas. Pessoas que eu conhecia, pessoas com quem eu não falava há anos, pessoas que eu conhecia vagamente, pessoas que talvez conhecessem alguém que pudesse ter conhecido minha mãe, pessoas que tinham o mais ínfimo parentesco comigo...

Empregos, lugares para ficar, dinheiro, roteiros para serem lidos, um papel na série, oportunidades de teste de elenco, mensalidades, filmes para serem financiados, apresentações a celebridades, investimentos em empresas, um encontro com o filho do amigo — é só dizer, já me pediram.

A princípio, eu não conseguia acreditar. Realmente não conseguia.

E também não conseguia dizer "não".

Eu tentava. Então, me via balbuciando nervosamente alguma desculpa e falando até alcançar um círculo que sempre acabava comigo dizendo "sim".

Minha mãe me encarava incrédula. Indignada por mim.

— *Quem* ligou para você e pediu *o quê*? Conhecemos essas pessoas? Me dê o número que vou cuidar disso.

Uma conversa que requeria um "não" era uma emergência de cinco brownies. No ritmo em que eu recebia pedidos, precisaria ser levada por uma empilhadeira até uma instituição especializada em muito pouco tempo. Por favor, não ria de mim. Ser levada por uma empilhadeira não é piada — é meu canto escuro.

Mas então, felizmente, tão subitamente quanto o dilúvio de pedidos começou a entrar, ele começou a diminuir até virar uma garoa. Anos depois, descobri que minha irmã Sandie tinha se tornado especialista em descobrir e rebater pedidos de favores insanos antes que eu sequer passasse a saber deles.

Tenho boas irmãs.

Gordon, Zola e Scottie me contaram que lidaram com isso também. Meus pais foram inundados. Todos ao meu redor foram. E, prestativos, agiram como escudos humanos. Rebatendo à força as hordas de esquisitões e caça-níqueis audaciosos.

Mas não podiam rebater as pessoas que eu considerava amigas. Pessoas das quais eu me considerava próxima. Pessoas que eu era ingênua o bastante para namorar. As raposas em meu galinheiro.

Logo depois de o Ano do Sim começar, alguém que conheço bem e que amo muito (vou chamar essa pessoa aleatoriamente de... Laura) me pediu para dar a ela uma grande quantia em dinheiro. Uma quantia realmente muito grande. Mais dinheiro do que eu jamais consideraria gastar de uma vez. Laura casualmente pediu essa soma como se me pedisse cinco dólares.

Sou do Centro-Oeste. Vou brigar com você se tentar me fazer comprar queijo chique — queijo duro jamais fez mal a ninguém. E daí se papel higiênico barato arranha? O arranhão é como você sabe que está limpo.

Entende o que quero dizer?

Não vou me sentir bem abrindo mão dessa quantia em dinheiro.

Gordon, Scott e Zola e eu jantamos.

— Diga "sim" a dizer "não" — dizem eles. — Ninguém deveria pedir por tanto dinheiro assim. É o seu dinheiro. Você ganhou esse dinheiro. Trabalhou por esse dinheiro. Não o deve a ninguém. Não me importa se é zilionária, não é obrigada a dar um centavo de seu dinheiro a ninguém.

— *Não* é uma frase inteira — diz Sandie, como um sermão. — Você diz "não" e diz "tchau". Não deve uma explicação a ninguém.

Não é uma frase completa.

Ouvi esse clichê diversas vezes.

Então decido tratar o dizer "não" da mesma forma que trato o dizer "obrigada". Diga "não", então não diga mais nada.

Penso em três formas diferentes e claras de dizer "não".

- "Não poderei fazer isso."
- Zola me fornece: "Isso não é conveniente para mim."
- E há o simples: "Não."

Escrevo as frases em um Post-it. Colo o Post-it diante do monitor de meu computador para que ele desponte na lateral como uma bandeira. Encaro o papel quando ligo para Laura. Laura, uma pessoa que considerei amiga há anos. Minhas mãos estão tremendo. Minha mente dá um branco. Preciso encarar o roteiro no Post-it para dizer as palavras.

— Quanto ao dinheiro — digo, baixinho —, não poderei fazer isso.

O ódio que é lançado em minha direção porque não entregarei meu dinheiro é assombroso. Enquanto ouço — e eu me sento e ouço —, sinto um alívio imenso percorrer meu corpo.

E, naquele momento, me sinto libertada.

O motivo pelo qual andei com tanto medo de dizer "não" é claro. Eu estava preocupada: "E se ela ficar com raiva? E se não quiser mais ser minha amiga? E se as coisas ficarem feias?"

Agora está acontecendo. E só consigo pensar: "Que bom. Agora eu sei." O pior que poderia acontecer está acontecendo e... E daí? Não é tão horrível. Estou mais feliz sabendo que tipo de pessoa ela realmente é do que estava sem saber. Dizer "não", o que eu queria dizer *de verdade*, permitiu que Laura se revelasse, pois isso fez com que ela também dissesse o que queria dizer de verdade. E o que ela queria dizer era que estava me usando pelo que eu poderia fazer por ela. Que se ressentia de mim. Que eu era o caixa eletrônico dela.

E sabe o que respondo a isso?

Vá. Ao. Inferno.

Laura faz uma pausa no ataque dela. *Esta*, penso, *é a parte em que eu deveria pedir desculpas e oferecer o dinheiro a ela.*

Mais tarde, Zola me dirá que, embora eu talvez não veja, seis meses antes eu teria sido capaz de pedir desculpas e teria dado o dinheiro para evitar todo e qualquer drama, dor e conflito. Zola concluirá carinhosamente que eu costumava ser um capacho.

Mas, nesse momento, consigo ouvir minha velha amiga Laura bufando ao telefone. E tranquilamente preencho o silêncio.

— Isso. Não poderei fazer. Não. Tchau.

Tchau, Felicia.

E desligo.

Literalmente corro pela sala. Faço isso às vezes. Quando fico muito agitada, corro pela sala. Fiz isso durante a cena do Casamento Vermelho de *Game of Thrones*. Fiz isso quando escolhi o piloto de *Grey's Anatomy* para transformar em série. Fiz isso assim que recebi a ligação dizendo que Harper estava para nascer.

Sinto-me fantástica. Fico nas nuvens durante dias. Conto a história para todo mundo. As pessoas ficam tentando me confortar com a perda de um amigo.

Mas não entendem. Não perdi uma amiga. Ganhei um segundo superpoder.

Posso inventar coisas. E posso dizer "não".

Espere.

Posso fazer *mais* do que dizer "não".

Posso dizer *qualquer coisa.*

Posso inventar coisas. E posso dizer *qualquer coisa.*

Posso dizer *qualquer coisa* a *qualquer um.*

Qualquer conversa difícil, qualquer assunto complicado que tenha no fundo do estômago, quaisquer confissões não ditas, qualquer ressentimento inquietante ou negócio desagradável?

Posso falar a respeito.

Quero falar a respeito.

Porque não importa o quanto uma conversa seja difícil, sei que do outro lado daquela conversa difícil está a paz. O conhecimento. Uma resposta é entregue. Caráter é revelado. Tréguas são formadas. Mal-entendidos são resolvidos.

Liberdade está do outro lado do campo das conversas difíceis.

E, quanto mais difícil a conversa, maior a liberdade.

Quando alguém diz algo mesquinho ou grosseiro, quando fala uma daquelas pequenas coisas passivo-agressivas que geralmente me deixariam encucada durante dias, minha nova resposta não é fechar a porta e reclamar com qualquer um que ouça. Agora, sabe o que faço quando me falam uma coisa dessas?

— O que quis dizer com isso? — pergunto, com a voz calma.

Isso as assusta. Percebo que a maioria de nós não está acostumada a que SE DIRIJAM a nós. Estamos acostumados a sermos objeto da conversa. Estamos acostumados a evitar todo o conflito. E, é claro, ao evitar, tudo o que fazemos é criar mais drama.

Uma grande amiga era a rainha de murmurar sussurros.

— Bem, pior pra você — murmurou ela quando eu falei sobre algo pequeno que causara um dia de trabalho difícil.

— O que quis dizer com isso? — perguntei.

Ela ergueu o rosto.

— O quê?

— "Bem, pior para você." Foi o que você disse. O que quis dizer com isso?

Ela ficou morta de vergonha. Não sabia que outras pessoas conseguiam ouvi-la murmurando. Não sabia que o monólogo interior de amargura era audível para o mundo. O pedido de desculpas foi sincero; o trabalho que ela precisa fazer em si mesma pertence a ela.

Quando algo não dava certo, quando havia um conflito, ou alguém estava chateado, sendo difícil, era aí que a Shonda introvertida fugia e esperava que tudo sumisse. A nova Shonda caminha direto para o centro e pergunta: "Qual é o problema?"

simsimsimsimsimsimsimsimsimsimsimsim

Tem sido inesperadamente glorioso até agora. Simplesmente estar disposta a ter as conversas que funcionavam como um tipo de feitiço mágico. Alguma poção foi atirada ao éter do universo. Porque, assim que disse "sim" ao desafio, assim que me abri para ter as conversas, subitamente naquele instante minha vida se transformou.

Fiquei mais corajosa; perdi parte da timidez, do desconforto, parte do medo social. Sempre que dizia "sim", ganhava novos amigos e novas experiências e me via envolvida em projetos dos quais jamais sonharia em fazer parte.

Eu ria mais. Estava mais corajosa. Estava ousada. Falava o que pensava, e em voz alta. E, por mais que estivesse ocupada, sentia como se tivesse mais tempo livre do que nunca; percebi que estava desperdiçando uma quantidade imensa de tempo e energia reclamando e sentindo pena de mim mesma, sendo a Shonda sombria e complicada. Agora não estava interessada em ser aquela pessoa. Não quando era muito mais fácil simplesmente abrir a boca e falar.

simsimsimsimsimsimsimsimsimsimsimsim

Eu me tornei meio que obcecada com conversas difíceis. Em grande parte por causa do quanto a vida fica calma quando você está disposto a tê-las. E também porque é muito mais fácil não comer o bolo quando não estou estressada ou ressentida ou cheia de mágoas.

No espelho do banheiro, prendo um Post-it que diz: "Posso dizer ou posso comer." Por mais que pareça clichê, é verdade. Queria ter aprendido a dizer "sim" 25 anos antes. Entre fazer dieta e jamais dizer o que eu pensava, desperdicei muito tempo.

Mas estava compensando tudo isso. Aqueles *sins* estavam se acumulando. A autoridade, as brincadeiras, os agradecimentos, as conversas difíceis, a perda de peso — eu estava começando a parecer uma pessoa diferente.

Em um de nossos jantares semanais, meus três amigos mais próximos me informaram isso.

— Você não parece a mesma, não age como a mesma, nem mesmo passa a sensação de ser a mesma pessoa — disse Zola para mim.

Scott e Gordon concordaram.

— Você está orgulhosa — disse Scott. — Você brilha agora.

— Costumava ser toda curvada — disse Gordon. — Deprimida e tipo "não olhe para mim". Aquela garota se foi.

Se foi. Garota.

simsim**sim**sim**sim**sim**sim**sim**sim**sim**sim**sim

Dizer o que se pensa e caminhar para o centro nem sempre tem um final feliz. Conversas difíceis são como uma aposta, e você precisa estar disposta a aceitar o resultado. E precisa saber, ao entrar, onde traçará o limite.

Precisa saber *quando* na conversa vai dizer "não".

Precisa saber quando vai dizer: "Não poderei fazer isso!"

Precisa saber quando dizer: "Para mim, chega."

Precisa saber quando dizer: "Isso não vale a pena."

"*Você* não vale a pena."

Quanto mais eu dizia o que pensava, mais estava disposta a mergulhar nas conversas difíceis; quanto mais disposta estava a dizer "sim" para *mim*, menos disposta estava a permitir que entrassem em minha vida pessoas que me deixassem mais vazia, mais infeliz e mais insegura.

Minha amiga que pediu todo o dinheiro não é a última pessoa da qual me afastei durante esse Ano do Sim.

Não. Não, aquela amiga não foi.

Não.

12

Sim às pessoas

Quando Chris nº 1 me contou que eu receberia o prêmio Ally for Equality da Human Rights Campaign, fiquei imediatamente mais preocupada com meu vestido do que com o discurso. Fazer discursos não me dava sequer um arrepio ultimamente. Eu me importava com o que diria, é claro. Mas não tinha mais medo de dizer.

Eu estava dobrando a esquina do que parecia ser a última volta da minha corrida do *Sim*. Começava a parecer simples. Peguei o jeito da coisa, dessa coisa do *Sim*. Tomei posse dela. Estava orgulhosa e convencida em relação a ela. Ah, arrogância, *aí* está você...

Eu simplesmente me sentia como se tivesse tudo sob controle. Estava correndo como uma gazela em direção àquela linha de chegada.

Então, como em qualquer corrida longa, aquela última volta ficou difícil. Chegara a uma parede. Pelo visto, o início tinha sido fácil. A parte mais difícil estava por vir.

Eu ainda estava tendo dificuldades em como me impor. Como me defender. Como lutar por mim mesma. Era irônico.

Eu sabia que grande parte do motivo pelo qual eu recebia aquele prêmio era porque, ao representar personagens LGBTQ na TV, eu estava erguendo a voz, tomando uma posição, lutando por outros. E não podia fazer isso por mim.

Livrar-me de peso era uma coisa.

Livrar-me de pessoas era outra bem diferente.

Eu acabara de me livrar de uma amiga. Uma próxima.

Nunca havia me sentido tão sozinha.

Estava lutando contra o desejo de me enroscar na cama com *Doctor Who* e uma caixa de bombons. Queria um pouco de treinamento de vitela. Pela primeira vez em muito tempo, queria estar entorpecida.

Quando chegou a hora de experimentar vestidos para o evento, Dana estava de pé diante de mim, e eu estava aninhada no sofá em posição fetal.

— Não acho que consigo. Estou doente. Estou morrendo.

Dana não disse nada. Nem uma palavra. Ela ficou ali por um momento, e, quando comecei a me perguntar se Chris nº 1 estava agora ministrando seminários sobre Como Fazer Shonda Levantar a Bunda, ela se virou.

E começou a tirar vestidos de embalagens. Vestidos de noite deslumbrantes.

Não havia necessidade de um seminário. Pelo visto, é assim que se Faz a Shonda Levantar a Bunda.

Mais tarde naquela semana, o vestido está pendurado na porta do armário. Sandie está de pé ao lado da minha cama. Estou tentando me lembrar de como funciona o treinamento para vitela. Digo a ela que não posso ir a esse evento. Sinto-me sozinha demais. Ela diz que *irei*. Ela diz que irá comigo. Então me diz para convidar mais gente. Convite *seu pessoal. Reúna seu pessoal.*

— *Sozinha* — diz Sandie, com escárnio, e sacode a cabeça diante de minha tolice. Como se ficar sozinha algum dia fosse uma opção.

Na manhã do baile da HRC, escrevo o discurso. Naquela noite, eu me sinto vulnerável de pé ali, no palco. Sinto como se tivesse arrancado uma página do diário e a lesse em voz alta. No entanto, é exatamente o que quero dizer. Quero dar a todos o que Sandie me deu. A risada de escárnio, a sacudida de cabeça, *reúna seu pessoal.*

Aqui está:

DISCURSO PARA HUMAN RIGHTS CAMPAIGN

14 de março de 2015

Los Angeles, Califórnia

VOCÊ NÃO ESTÁ SOZINHO

Sou escritora desde antes de saber escrever.

Eu costumava ditar histórias para um gravador com minha irmã Sandie. Tentava fazer com que minha mãe as digitasse. Eu devia ter 3 anos. E, quando aprendi a escrever... escrever abriu *mundos*.

Nada mais fornece aquele *zum* único em meu cérebro, aquela viagem especial à imaginação. Escrever era... bem, para mim era como me sentar diante de um piano pela primeira vez e perceber que eu sempre soube tocar. Escrever era minha melodia. Escrever era quem eu era. Escrever era EU.

Passava os dias da escola escrevendo em diários. Ainda os tenho. Pequenos livros cobertos de tecido, em frangalhos e desbotados. Estão em uma caixa em meu sótão — cerca de vinte deles, acho.

Pequenos livros cheios de esperanças e sonhos e histórias e dor.

Permitam que eu me descreva como criança: muito inteligente, bastante gordinha, incrivelmente sensível, nerd e dolorosamente tímida. Eu usava óculos espessos, tipo fundo de garrafa. Duas trancinhas estilo *cornrow* percorriam as laterais de minha cabeça de uma forma que simplesmente não ficavam bonitas em mim. E eis o principal: eu era, em geral, a única menina negra na sala de aula.

Não tinha amigos.

Ninguém é mais malvado do que um bando de seres humanos diante de algo diferente.

Eu estava muito sozinha.

Então...

Escrevia.

Criava amigos. Eu dava nomes a eles e escrevia cada detalhe a respeito deles. Dava-lhes histórias e lares e famílias. Escrevia sobre as festas deles e os encontros românticos e as amizades e as vidas e eles eram tão reais para mim que...

Veja bem: Shondaland, a terra imaginária de Shonda, existe desde que eu tinha 11 anos.

Eu o construí na mente como um lugar no qual guardar minhas histórias. Um lugar seguro. Um espaço para que meus personagens existissem. Um espaço para que EU existisse. Até que pudesse escapar de ser adolescente, fugir para o mundo e ser eu mesma.

Menos isolada, menos marginalizada, menos invisível aos olhos de meus colegas.

Até que eu pudesse encontrar meu pessoal no mundo real.

Não sei se alguém reparou, mas só escrevo sobre uma coisa: estar sozinha. O medo de estar sozinha, o desejo de não estar sozinha, as tentativas que fazemos de encontrar nossa pessoa, de manter nossa pessoa, de convencer nossa pessoa a não nos deixar sozinhas, sobre a felicidade de estar com nossa pessoa e, portanto, não mais sozinha, a devastação de ser deixada sozinha.

A necessidade de ouvir as palavras: *Você não está sozinha.*

A necessidade humana fundamental de que um ser humano ouça outro ser humano dizer a ele: "Você não está sozinho. Você é visto. Estou com você. Você não está sozinho."

Repórteres e usuários do Twitter me perguntam muito por que me empenho tanto pela "diversidade" na televisão: "Por que é tão importante ter diversidade na TV?", questionam eles. "Por que é tão desafiador ter diversidade?" "Por que Cyrus precisa ser gay?"

Eu realmente detesto a palavra *diversidade*. Sugere algo... diferente. Como se fosse algo... especial. Ou raro.

Diversidade!

Como se houvesse algo de incomum em contar histórias que envolvem mulheres e pessoas de cor e personagens LGBTQ na TV.

Tenho uma palavra diferente: *NORMALIZAR*.

Estou normalizando a TV.

Estou fazendo com que a TV se pareça mais com o mundo real. Mulheres, pessoas de cor, LGBTQ equivalem a MUITO mais do que cinquenta por cento da população. O que significa que isso não é fora do comum. Estou fazendo o mundo da televisão parecer NORMAL.

Estou NORMALIZANDO a televisão.

Você deveria ligar a TV e ter a opção de ver sua tribo. E sua tribo pode ser qualquer tipo de pessoa, qualquer um com quem você se identifique, que se sinta como você, que dê a sensação de lar, de realidade. Você deveria ligar a TV e ter a opção de ver sua tribo, ver sua galera, alguém como você lá fora, existindo. Para que você saiba que no dia mais sombrio, quando você correr (metafórica ou literalmente CORRER), haverá algum lugar, alguém PARA quem correr. Sua tribo está e estará esperando.

Você não está sozinho.

A meta é: todos deveriam ligar a TV e ter a opção de ver alguém que se parece com eles e que ama como eles. E tão importante quanto: todos deveriam ligar a TV e ter a opção de ver alguém que **não** se parece com eles e que não ama como eles. Porque talvez então aprendam com essa pessoa.

Talvez então não a isolem.

Não a marginalizem.

Não a apaguem.

Talvez até mesmo se reconheçam nessa pessoa.

Talvez até aprendam a amar essa pessoa.

Acho que quando você liga a TV e vê amor, de qualquer um, com qualquer um, para qualquer um — *amor verdadeiro* —, um serviço foi prestado. Seu coração foi, de alguma forma, ampliado. Sua mente, de alguma forma, cresceu. Sua alma se abriu um pouco mais. Você vivenciou algo.

A simples ideia de que o amor existe, de que é possível, de que se pode ter uma "pessoa"...

Você não está sozinho.

O ódio diminui, o amor aumenta.

Falo muito no meu escritório sobre como imagens importam. As imagens vistas na televisão importam. Elas contam sobre o mundo. Contam a você quem você é. Como o mundo é. Elas formam você. Todos sabemos disso. Há muitos estudos.

Então, se você nunca vir um Cyrus Beene na TV... Um homem homossexual mais velho, durão, do tipo que não faz prisioneiros, republicano, conservador, estilo Donald Rumsfeld, e que ama o marido, James, tão profundamente e tentou desesperadamente não matá-lo...

Se você jamais vir James arrastando Cyrus para o século XXI...

Se você jamais vir o jovem Connor Walsh em *How to Get Away With Murder* ter o mesmo tipo de vida amorosa libertina que vimos em personagens heterossexuais na TV, temporada após temporada após temporada...

Se você jamais vir Erica Hahn fazer, de maneira exuberante, o que se tornou conhecido como o monólogo das Folhas nas Árvores ao dizer a Callie que percebeu que é lésbica...

Se você nunca vir Callie Torres, abertamente bissexual, olhar para o pai com altivez e gritar para ele (minha fala preferida de todas): "Não se reza para se livrar da parte gay!!!"...

Se jamais vir um personagem transgênero na TV ter família, compreensão, uma Dra. Bailey para amar e apoiá-la...

Se jamais vir qualquer dessas pessoas na TV...

O que aprende sobre sua importância dentro da sociedade? O que as pessoas heterossexuais aprendem? O que isso diz aos jovens? Onde isso os coloca? Onde isso coloca qualquer um de nós?

Recebo cartas e tuítes e pessoas me param na rua. Elas me contam tantas histórias incríveis. O pai me diz como algo que viu em uma de minhas séries lhe deu uma forma de entender o filho quando o rapaz saiu do armário. Ou os adolescentes, todos os *adolescentes*, cara, que me dizem que aprenderam a linguagem para falar com os pais sobre ser gay ou lésbica. As garotas adolescentes que encontraram uma comunidade de colegas e de apoio on-line por conta do relacionamento Callie-Arizona — Calzona.

Recebo histórias e mais histórias.

Houve momentos em minha juventude em que escrever essas histórias na Shondaland literalmente salvou minha vida. E agora jovens me dizem que literalmente salva a vida deles. Isso provoca uma humildade fora do comum.

E todas as vezes se resume a uma coisa.

Você não está sozinho.

Ninguém deveria estar sozinho.

Então.

Escrevo.

Estamos apenas à beira da mudança. Ainda há muito mais trabalho a fazer. Vou aceitar esse prêmio como um incentivo, não como uma realização. Não acho que o trabalho esteja terminado. Tenho muitos amigos homossexuais cujos casamentos eu gostaria de ver reconhecidos em todos os estados deste país.*

E há muitas mentes e leis que ainda precisam ser mudadas. Quero aplaudir a HRC pelo empenho em lutar com tanto afinco pela igualdade e pelo fim da discriminação de todo tipo para a comunidade LGBTQ. O trabalho que fazem é incrível.

Escrever não é diferente para mim agora do que era quando eu estava usando aquele gravador com minha irmã Sandie.

Sim, em uma escala maior.

Sim, é toda a quinta-feira à noite.

Sim, sou menos tímida, sem dúvida menos nerd, obviamente com um estilo melhor.

Os óculos foram substituídos por lentes de contato.

Ainda sou frequentemente a única garota negra na sala de aula. (Olhem ao redor.)

Mas eis a questão: não estou mais sozinha.

Os personagens que viviam dentro de minha cabeça estão na tela da televisão. Não são apenas meus amigos agora — são também

---

* Em 26 de junho de 2015, a Suprema Corte dos Estados Unidos legalizou o casamento entre pessoas do mesmo sexo em todos os cinquenta estados (um *high five*, América!), então essa parte do meu discurso agora está, graças a Deus, desatualizada.

amigos de todos. Shondaland está aberta, e se estiver fazendo meu trabalho direito, haverá uma pessoa aqui para todos.

Quero dizer o quanto agradeço todo o apoio e a bondade que tenho recebido. Muita gente lá fora logo toma minha defesa das mais incríveis maneiras. Principalmente depois que tuíto com raiva. Tenho muito orgulho do que eu disse à pessoa que tuitou para mim o comentário desprezível sobre "cenas gays". Eu diria *Bye, Felicia* diversas e diversas vezes. Mas às vezes desejo ter pensado antes e tuitado depois — porque pense só em como PODERIA ter dito algo ainda mais incrível com uma revisão e algumas opiniões?!

Mas, sério, mesmo assim, sou eternamente grata.

Por fim, quero dizer isto:

Se você é um jovem lá fora e é gordinho e não tão bonitinho e nerd e tímido e invisível e magoado, não importa a raça, não importa o gênero, não importa a orientação sexual, estou de pé aqui para dizer: você não está sozinho.

Sua tribo está lá fora no mundo. Esperando por você.

Como tenho certeza disso?

Porque a minha tribo?

Ela está sentada naquela mesa bem *ali*.

Obrigada.

13

Sim a dançar para esquecer os problemas (com as pessoas certas)

Estou sentada na sala de edição do Prospect Studios com meu editor, Joe Mitacek. Estamos brigando sobre que música usar. Esse debate tem se arrastado há semanas. É o último episódio da décima temporada de *Grey's Anatomy*. A cena é icônica: Meredith e Cristina estão dançando para esquecer os problemas em uma sala de plantão pela última vez. A música que tocará enquanto dançam tem um significado épico para mim e para os fãs que assistiram a essas personagens crescerem de internas a atendentes, de jovens mulheres inseguras para grandes usinas de força. Estamos com elas há mais de duzentos episódios a esta altura. Mais de uma década de nossas vidas e das delas. Essa é a última vez em que Cristina Yang será vista na tela. A cena, a música, a edição — tudo precisa estar certo.

Quando a cena foi inicialmente filmada, uma música rápida e incrível de hip-hop foi usada para animar as atrizes e dar energia a elas. Agora, na sala de edição, chovem opiniões de todos os lados. Todos que estavam lá durante a filmagem acreditam que qualquer coisa diferente de uma música rápida e dançante vai fazer com que Ellen e Sandra fiquem mal dançando.

Acho isso ridículo.

Não acredito que Sandra ou Ellen *jamais* tenham parecido mal dançando na vida delas. Não é possível. Sandra tem um negócio tranquilo tipo rockstar nação do ritmo, e Ellen tem ginga, de alguma forma luminosa e gângster todas as vezes. Que as duas consigam se agitar com tanta individualidade e mesmo assim transmitir tanta proximidade e harmonia foi o que inspirou todo o conceito de dançar para esquecer dos problemas. Isso para início de conversa.

Elas fazem isso há dez temporadas.

Isso não é um truque de edição, gente.

Aquelas mulheres sabem se *mexer.*

Eu não estava presente durante as filmagens — *nunca estou presente durante as filmagens* (bem, quase nunca), porque não posso estar em cinco lugares ao mesmo tempo. Desta vez eu não estava presente porque estava na escola de minha filha. Perdi a gravação ao vivo. Então não fui previamente influenciada.

E, de toda forma, não me importo.

Não quero uma música rápida.

Uma música rápida parece errado.

Uma música rápida me incomoda.

Uma música rápida é toda...

Joe quer saber por que não gosto.

É uma pergunta razoável.

Exceto pelo fato de que não consigo ter uma resposta.

Não tenho uma forma de explicar por que não gosto.

Não sei *por quê.*

Simplesmente não gosto.

Faz com que eu me sinta arrepiada em todas as rugas.

Discutimos. Debatemos. Brigamos.

Esses não são exercícios sem utilidade. Quero que meus editores briguem comigo. Gosto de ser desafiada. Gosto que provem que estou errada.

Fico logo desconfiada da unanimidade instantânea.

Unanimidade instantânea me apavora.

Joe está trabalhando na pós-produção durante quase toda a vida da série. Ele passou de editor-assistente para editor-chefe durante o tempo em que esteve aqui. Ele tem experiência. Sabe como esses debates de edição funcionam. Sabe que tem chance de vencer se conseguir me mostrar a história de um ângulo diferente, de uma perspectiva diferente. Se conseguir entortar o quadro um pouquinho...

Então, discutimos.

simsim**sim**sim**sim**sim**sim**sim**sim**sim**sim**sim

Depois que eu disse "sim" para conversas difíceis, depois que disse "sim" a dizer "não", fiz uma descoberta interessante. Essa descoberta foi: pessoas felizes e completas são atraídas para pessoas felizes e completas, mas nada torna uma pessoa tóxica mais miserável e destrutiva do que uma pessoa feliz e completa. Pessoas infelizes não gostam quando um colega infeliz se torna feliz.

Tenho certeza absoluta de que isso é verdade.

Porque eu costumava ser uma pessoa infeliz.

E nada era mais frustrante do que ver um colega amargo, abatido, tóxico, sombrio e complicado encontrar o caminho até o sol. Como um vampiro tentando salvar um dos seus, você quer arrastar a pessoa de volta para a escuridão. E você realmente acha que está fazendo o certo. Eu estava me agarrando à tristeza sombria e complicada. Era o que eu conhecia. E precisava dela. Precisava da mesma forma que precisava da gordura. Era mais fácil do que tentar. Ser sombria e complicada me deu permissão para não querer mais nada do que o *status quo* miserável. Para jamais esperar, para jamais ser otimista. Sombrio e complicado ocupa o tempo e o espaço em minha cabeça. É como um passe para sair da sala de aula: não preciso fazer nada sobre meus problemas se estiver ocupada reclamando e sentindo pena de mim mesma.

Agora era eu quem estava no alto da montanha com uma vista livre e ensolarada. E podia ver que não havia espaço para complicação aqui no alto.

simsim**sim**sim**sim**sim**sim**sim**sim**sim**sim**sim

Antes do Ano do Sim, se você me perguntasse quem eram meus amigos mais próximos, eu teria recitado com confiança uma lista de nomes de pessoas que amo, pessoas que conheço há anos e anos. Pessoas para as quais eu faria qualquer coisa.

Minhas *pessoas*. Meu *grupo*. Minha *tribo*.

Minhas Bonnies e meus Clydes.

Minha lista de pessoas por quem eu morreria.

Uma lista de pessoas por quem se morreria não é brincadeira.

Quero dizer, nunca precisei testar a lista e sou uma garota de classe média que costumava passar o tempo na despensa, no subúrbio, onde a única Bonnie da qual eu tinha ouvido falar era Bonnie Bell, do brilho labial, mas, você sabe...

Minha lista de pessoas por quem eu morreria antes do Ano do Sim era muito específica. Definitiva. Posso recitar os nomes até dormindo.

Enquanto escrevo este livro sobre o Ano do Sim?

Aquela lista de pessoas por quem eu morreria? Como ela é?

É exatamente a mesma lista. Exatamente os mesmos nomes. Nenhuma subtração. A questão é que todos na lista...

...existem.

Bem, todos *existem*.

A questão é que nem todos são reais.

Durante os últimos onze anos, houve um nome em minha lista de pessoas por quem eu morreria que só existe dentro das paredes de Seattle Grace Mercy West/Grey Sloan Memorial Hospital. Não sou louca. Sei que ela não é real.

Mas simplesmente não me importo.

Cristina Yang será sempre uma das pessoas da minha lista de por quem eu morreria.

simsimsimsimsimsimsimsimsimsimsimsim

As pessoas acham que a essência de uma série de TV são as palavras que coloquei no papel. Não é. A essência de uma série é a personagem. E, para mim, personagens podem *começar* com as palavras que coloco no papel, mas essas palavras são chatas. Como balões vazios despejados de um saco. O ator sopra o ar nas palavras e, de repente, o que era chato é completamente tridimensional e vivo agora. Com mais nuances, mais engraçado ou mais triste ou mais cruel ou mais vulnerável. Escrevi e Sandra Oh soprou e o que flutuou para o alto foi Cristina. NOSSA Cristina. Aquela que Sandra e eu fizemos juntas.

Isso é o que Cristina era. Um pedaço de minha alma e um pedaço da alma de Sandra, entrelaçados e colocados na televisão. Uma colaboração mútua para a imaginação.

Essa Cristina que fizemos foi uma revelação. Ela jamais foi calada. Jamais foi pequena. Jamais insegura demais para fazer bom uso dos próprios dons naturais. A Cristina de nosso sonho coletivo é maior do que a vida, e segura da própria genialidade. E, conforme nosso desenho, embora costumasse sentir medo, nossa Cristina conseguia superar os receios com pura força de vontade. Ela fez escolhas corajosas. Sentiu-se destemida mesmo quando estava apavorada

Não causa surpresa que eu tenha me debruçado sobre Cristina, tenha escrito a personagem de maneira mais eloquente, que a tenha colorido com cores mais fortes, pintado fora dos pontilhados. Que eu a tenha deixado fazer e pensar e viver de modos que exprimiam meus sonhos. Ela não queria se casar. Tinha uma genialidade que perseguia. Amava o trabalho. Dei a Cristina o desejo profundo de não ter filhos porque, embora eu adore crianças, queria vê-la lutar aquela batalha feminista e vencer. Eu queria que nós observássemos e admirássemos uma mulher que não quisesse as coisas que todas ouvimos que deveríamos querer. Eu queria que fôssemos amigas de uma mulher que estava ocupada, jogando fora o conto de fadas e escrevendo a própria história. E cada retrato dela que eu terminava me permitia prestar um pouco menos de atenção à minha galeria que se dissipava.

Recuei para os bastidores, onde podia, com segurança, ficar de pé à sombra de Cristina. Onde eu podia caminhar na ponta dos pés sobre as pegadas que Cristina deixava ao lado de Meredith, conforme as duas se moviam com confiança pela paisagem.

Cristina sobreviveu a coisas de maneiras que a maioria dos personagens não teria sobrevivido. Ela fez cirurgia com uma arma apontada para a cabeça. E curou um peixe gigante ao segurá-lo nos braços. Durante minhas horas mais sombrias, meus momentos mais silenciosos e tristes, minhas épocas mais solitárias, escrever Cristina Yang me fortalecia.

Aquela arma apontada para a cabeça e o peixe nos braços? Escrevi aquelas histórias por um motivo. As histórias me faziam acreditar que todas as coisas eram possíveis. Aquelas histórias eram prova de que eu poderia sobreviver a qualquer coisa. E Sandra, ao interpretar esses momentos, soprar vida para aquelas palavras, para Cristina... Sandra, ao interpretar aquelas palavras, fez com que minha sobrevivência e minha resiliência parecessem possíveis. Cristina Yang era a validação ambulante de meus sonhos.

Como uma escritora nerd e introvertida que tem um tique nos olhos e que mal conseguia falar, deixem-me contar, caros amigos, aquilo foi mágica. E esse tipo de mágica é absurdamente especial.

Os momentos que Cristina e eu tivemos juntas foram incrivelmente reais para mim. Parece bobo dizer em voz alta. Mas é verdade.

Passei mais tempo com Meredith e Cristina do que com muitos de meus amigos de verdade. Horas e horas em salas de edição, horas em escritórios, horas sozinha debruçada sobre um script. Quando você assistia à TV, mesmo que só passando uma hora inteira com Cristina uma vez por semana, estava provavelmente passando mais tempo com ela do que passava com a maioria das pessoas de sua vida.

O relacionamento era real.

Aquele trem estava disparando pelos trilhos, sempre na hora, sempre uma última viagem.

Mas, agora, está seguindo para a última parada.

Chegamos quase ao fim da linha de Cristina.

Sandra Oh vai deixar a série. Em breve, ela terá ido embora. E, quando for, Cristina irá junto.

Vou sentir falta de Cristina Yang.

Não estou falando de Sandra Oh. É claro que vou sentir falta de Sandra. Mas posso ver Sandra, posso falar com Sandra, sei onde Sandra está.

Não.

Quero dizer que vou sentir tanta falta de Cristina Yang que meu coração vai doer.

No Ano do Sim, essa é uma das coisas que mais me preocupa. Não tenho certeza de como vou lidar com isso.

simsimsimsimsimsimsimsimsimsimsimsim

Então algo acontece com uma das pessoas na lista de pessoas por quem eu morreria (vamos chamá-la de... Pam?). Pam é uma amiga que eu descreveria como uma pessoa genuinamente maravilhosa. Forte e engraçada de verdade. Esperta. Bondosa. Tranquila. Leal. Aventureira. Mas conforme salto para esse desafiador Ano do Sim e dou passos hesitantes em direção a ser feliz, Pam se torna uma parede de gelo. Eu me vejo em situações cada vez mais frequentes nas quais Pam parece mais e mais irritada comigo, toda a personalidade dela se torna mais grosseira. Há um incidente bem desagradável no início do Ano do Sim. Então uma discussão feia ocorre meses depois. Passo muito tempo me perguntando se de repente me tornei excessivamente sensível ou se, de alguma forma, provoquei esse comportamento. Eu me encontro perguntando a ela, hesitante, sobre certos comentários que Pam faz ou coisas que ela faz que parecem pura maldade para mim. Ela foge de qualquer conflito. Fico perplexa com relação a como minha amiga doce e confiante se tornou assim. Fico preocupada. Mas, quando acontece de novo, de modo dramático e passivo-agressivo, estou avançada demais no Ano do Sim para suportar aquilo. Agora, decidida a encarar conversas difíceis, confronto Pam a respeito do que está acontecendo. Não acaba bem.

Faço o mesmo de sempre quando quero conversar sobre algo, quando quero ouvir a verdade nua e crua. Chamo meu círculo íntimo da lista de por quem eu morreria — Zola, Gordon e Scott. Sei que eles dirão se a culpa for minha, se eu tiver feito algo errado que ainda não percebi. Nós nos reunimos para jantar. Conto tudo. Eles ficam silenciosos, ouvindo.

Continuo esperando que um deles interrompa, que comece a contar a verdade. Que me digam o que acham.

Mas nada. Estão trocando olhares. Há um debate silencioso acontecendo entre as sobrancelhas deles. Mas não estou incluída.

— O quê?! — Estou assustada. As pessoas por quem eu morreria *nunca* escondem nada. — Contem.

Por fim, um deles arrisca.

— Estávamos imaginando quando isso aconteceria. Quando você enfim perceberia a maneira como Pam a estava tratando.

Do que eles estão falando?

Eles me contam que sempre desconfiaram de Pam. Aos olhos deles, Pam não está feliz por eu estar feliz. Ela está sofrendo porque eu mudei, eles perceberam. Não estou mais disposta a ser um capacho, então Pam não tem função. Com muita delicadeza, eles me contam que *Pam nunca foi a pessoa que eu achei que fosse.*

Não tenho palavras.

— Pam? *PAM?* — Fico chocada. Fico horrorizada. Fico...

Fico sentada em silêncio por um momento. Fecho os olhos. E penso em tudo que sei de verdade sobre Pam. Tudo que realmente vi Pam fazer ou ouvi ela contar ao longo dos anos de nossa amizade. Não consigo pensar em exemplo de "forte" ou "engraçada". Ela está sempre ansiosa — e nunca tranquila. Eu já a vi ser mesquinha e cruel e cheia de fofoca, então "leal" não é bem a palavra. Mas... ela nunca foi assim de verdade? Certo? *Certo?*

Chego a arquejar alto.

Porque é a primeira vez que começo a entender uma coisa.

Esses amigos que criei em meus diários quando tinha onze anos? As personalidades e as histórias de pano de fundo e as qualidades que dei a eles? As histórias que eu estava tecendo na época para criar um mundo no qual eu tivesse pessoas? Pessoas que recebessem a esquisita gordinha com óculos espessos tipo fundo de garrafa e tranças infelizes? Os personagens que criei para que eu tivesse uma tribo?

Ainda estou fazendo isso.

Agora mesmo.

Não tenho ideia alguma de quem Pam seja de verdade. Porque cada adjetivo que usei no passado para descrevê-la? Simplesmente... trilhos que eu montei. Invenção.

Invento coisas para viver.

Inventei Pam.

O papel de Pam é *interpretado* por alguém chamado Pam.

Passei anos em uma amizade totalmente realizadora e incrível com uma pessoa que é apenas a representação do fruto de minha imaginação.

Sento ali. Percebo que estou vivendo uma amizade que, na realidade, importava muito pouco, porque criei essa amizade que importava muito para mim, na minha imaginação. Acho que nem *gosto* da verdadeira Pam.

Acho que nem *conheço* Pam. Ela era apenas um...

— Avatar — diz Scott. — Ela era um avatar.

É.

Fico inquieta. Fico ainda mais inquieta quando acontece com uma segunda pessoa na lista (vamos chama-lo de... Ken?). Eu poderia entrar em detalhes com Ken, mas... essa história? Igual à primeira. Essa é a questão: não é preciso detalhar o que aconteceu com Ken porque basicamente é a mesmíssima história.

Os membros da lista de por quem eu morreria acham esse tópico fascinante. Não conseguimos parar de falar a respeito.

— Será que andei *reescrevendo* as personalidades das pessoas para que fossem melhores do que realmente eram? Será que eu *as criei* para que servissem ao propósito de que eu precisava, seja lá qual fosse? — Arquejo. — Ai, meu Deus, andei colocando *personagens* sobre as coisas, assim como comida?

Naquela noite, não consigo dormir.

Eu estava vendo o que queria ver. E agora, como com a comida, agora que percebo, não me sinto mais bem apenas jogando uma história inventada sobre a realidade das pessoas em minha vida.

Não é que eu não me sinta mais bem.

Não consigo mais fazer isso mesmo que quisesse.

Agora que enxergo, não consigo fazer vista grossa. Tudo é claro e cristalino. Fui deixada com os duendes estúpidos do Papai Noel de novo. E não gosto de Inadequado e Apreensivo. Não quero dividir minha casa com eles.

Sinto-me triste. Estou de luto. Percebo que não estou apenas perdendo Cristina. Estou perdendo Pam e Ken. Três amigos fictícios se vão. Agora que consigo ver a Shonda atrás da cortina, agora que consigo ver o trilho que foi disposto, não consigo mais ver minha Pam e meu Ken. Simplesmente vejo essas pessoas que se parecem com eles perambulando pelo planeta. Minha Pam e meu Ken morreram. Morreram de verdade. Não posso recuperá-los. A perda é dolorosa.

Pelo menos tenho um pouco mais de tempo com Cristina.

sim**sim**sim**sim**sim**sim**sim**sim**sim**sim**sim**sim**

Sandra e eu temos um relacionamento profundamente pessoal, estranhamente entrelaçado, íntimo, frio, próximo, distante, vibrante. O único tipo de relacionamento possível para duas pessoas tão emocionais quanto nós, tão mentalmente curiosas quanto nós e tão criativas quanto nós quando passamos dez anos juntas como duas metades de uma pessoa. Somos como família. Eu a vejo e é como se o tempo não tivesse passado. Choramos juntas, rimos juntas, contamos segredos obscuros uma para a outra. Sentamos em restaurantes e sussurramos em uma língua que só pode ser traduzida no contexto dessa experiência compartilhada única. Foi profundo.

A pessoa fictícia que Sandra e eu formamos é linda e intimidadora. Coloque Cristina contra qualquer pessoa real e não há competição. Ninguém mais tem chance. É injusto e terrível. E não é, de maneira alguma, uma forma de medir um ser humano.

No entanto. Quem diabos se importa?

Ela é a meta. Ela é liberdade.

E é por *isso*, é claro, que criei Cristina E acho que por isso Sandra a criou. Para mim, ela não era apenas o que eu imaginei. Era o que eu precisava.

Sou grata por ouvir tantas mulheres me dizerem que Cristina era o que elas precisavam também. Não estou sozinha.

Certa vez contei a alguém que Cristina era uma de minhas melhores amigas. Essa pessoa ficou chateada.

— Cristina é a melhor amiga do país — disse ela, como um sermão. — Você age como se ela tivesse algo de especial.

Assinto com paciência.

— Sim, sei que ela é a melhor amiga do país. Mas sou eu quem escreve o que nossa melhor amiga diz e decide o que ela faz e aonde vai.

Espere, ainda estou na despensa? Acho que sim.

Invento coisas para viver. Sim.

Mas, sério, *invento coisas para viver.*

Para viver. Para seguir em frente.

Meu tempo com Cristina, de alguma forma, me salvou.

Cristina Yang ergueu a espada e cortou as cabeças de todos os demônios em meu caminho. Ela me fez sentir segura. Me protegeu. Foi minha prova de como cada demônio poderia ser morto. Percorreu todas as trilhas primeiro, experimentou todas as armas primeiro, tentou todas as manobras arriscadas primeiro.

Ela foi uma P.U.D. Primeira. Única. Diferente.

E corri atrás dela, conquistando todas as segundas chances de Cristina.

Ela fez isso por mim.

Agora sei que os demônios lá fora são alguma versão de mim. Estou ciente de que sou a única me perseguindo, me derrubando, mordendo meus calcanhares. Tentando arrancar minha cabeça. Está na hora de ser uma amiga melhor para mim mesma.

Mas não estou preocupada com meus demônios. Cristina está saltando do trem, mas está me deixando a espada dela. Daqui para a frente, vou cortar as cabeças dos demônios por conta própria.

Não tenho medo.

Cristina Yang me tornou corajosa.

Alguém por quem eu morreria.

Amo uma personagem fictícia e não me importa quem saiba.

Ela não foi apenas a pessoa de Meredith, foi a minha também.

Eu dispus esses trilhos.

Inventei essas coisas para viver.

E lá vem o trem.

Vamos dançar para esquecer os problemas. Mas, antes, precisamos achar uma música...

simsimsimsimsimsimsimsimsimsimsimsim

Posso finalmente descrever por que a outra música parece errada.

— Quero que ruja — digo a Joe. — Quero que a gente sinta como se, enquanto dançam, elas estivessem voando. Quero que a mesma maravilha e alegria que elas sentem na cirurgia seja sentida nessa dança. Quero capturar dez anos de amizade extraordinária, de carinho verdadeiro, de guerreiras tribais, de listas de por quem se morreria. Quero capturar a glória de Cristina Yang e tudo que ela significa para si e tudo que significa para Meredith e tudo o que significa para nós. Em uma música, em uma dança, em uma cena.

Joe se senta e fica em silêncio por um bom tempo. Então me diz:

— Em uma música. Em uma dança. Em uma cena.

Assinto. Joe assente de volta.

Nós nos sentamos em silêncio por um bom tempo.

Dizemos quase ao mesmo tempo.

— Primeira temporada.

E a batalha da música termina. Ninguém vence. Todos vencem. Precisamos encontrar uma música da primeira temporada. E precisa ser uma música que capture os sentimentos de alegria e novidade de duas estagiárias que começam a descobrir a cirurgia e uma a outra.

O resultado é perfeito.

A música icônica de Tegan e Sara, "Where Does the Good Go". Uma música que tocamos no início da primeira temporada, lá atrás, quando todos achávamos que faríamos poucos episódios, nos divertiríamos e nos despediríamos. Agora, estamos todos unidos. Segurei os filhos de Joe nos braços. Minha filha Harper aprendeu a andar nos corredores dessa sala de edição. A música evoca desejo e nostalgia e alegria e amor e não é lenta demais nem rápida demais. Ela ruge.

Joe e eu encontramos o ponto perfeito para fazer a transição da dança delas para câmera lenta. Queremos saltar para fora do tempo real e então subir o ângulo da câmera no momento em que Tegan e Sara chegam ao refrão. Brincamos com isso. Nunca fica exatamente certo, jamais é perfeito. No entanto, é impecável. É tudo o que queríamos.

E então, como não podemos deixar esse momento passar rápido demais, como não queremos separar essas amigas antes da hora, Joe e eu fazemos algo raro na sala de edição:

Abrimos um minuto inteiro de tempo ininterrupto na tela para assistirmos Cristina e Meredith se expressarem da melhor forma que essas duas mulheres brilhantes podem fazer sem bisturis nas mãos — nós as observamos dançar para esquecer os problemas.

Percebo que estou em lágrimas na primeira vez que vejo. Essas irmãs sombrias e complicadas chegaram tão longe quanto eu. Elas também não são mais sombrias e complicadas.

A dança é alegre. A dança é triunfante.

A dança é uma comemoração do que você pode se tornar.

É tudo que eu queria que fosse.

Elas estão voando.

simsim**sim**sim**sim**sim**sim**sim**sim**sim**sim**sim

Sinto muito carinho por Pam e Ken. Pelas versões fictícias. Não tenho ressentimentos em relação a eles. Sou grata a eles. Foram grandes amigos enquanto precisei dos dois. E, quer a amizade tenha sido ou não verdadeira, foi verdadeira para mim. Tanto quanto Cristina foi verdadeira para mim. Tanto quanto as histórias que escrevi nos cadernos, na escola, eram verdadeiras para mim. Tanto quanto a despensa era verdadeira para mim. Tudo isso me forneceu algo necessário na época. Eu me senti instigada pela amizade. Pela lealdade deles. Pela *ideia* de que eu tinha esses amigos incríveis, esses membros de minha tribo, esses gladiadores às costas. Prontos para morrer por mim. Como Cristina, eles me deixavam mais corajosa, mais rápida, mais forte.

Eu invento coisas para viver.

Durante um tempo, Pam e Ken foram o que eu precisava para sobreviver. Cristina também. Mas não preciso mais deles.

O lado positivo de cortar pessoas da vida é que meu foco se tornou muito claro. Minha visão se tornou aguçada. Agora, trabalho para ver as pessoas, não como eu as reescreveria, mas como elas se escreveram. Eu as vejo como são. E como sou com elas. Porque a questão não é apenas eu me cercar de gente que me trata bem. É também eu me cercar de gente cujo valor próprio, cujo respeito próprio e cujos valores me inspirem a elevar meu comportamento. Pessoas que exijam que eu permaneça verdadeira e boa, e não completamente maluca. Que não coma tudo que vejo à frente. Que não me esconda. Que não diga não. Quero pessoas na lista de por quem morreria que me façam querer ser alguém melhor.

Não preciso mais inventá-las. Estou cercada delas.

A tribo que tenho agora, a tribo da vida real, de carne e osso, da lista de por quem eu morreria esteve comigo desde sempre e é a verdadeira tribo. Meu mundo foi peneirado até que só restassem os melhores indivíduos. Minhas irmãs. Meu Scott, meu Gordon, minha Zola. Meu Christopher. Um punhado bem pequeno de outros. Eles me animam. Seguram minha mão. Eles me impulsionam para a frente quando quero me esconder. Estavam me dizendo para falar *Sim* o tempo todo.

Eles não me fazem mais corajosa, mais rápida, mais forte. Eles me dizem que já *sou* mais corajosa, mais rápida, mais forte. Não perseguem meus demônios e cortam as cabeças deles para mim. Eles me dizem que sou capaz de matar meus demônios. Não brigam por mim. Eles me dizem que posso lutar por conta própria.

São a Equipe Duroneza.

Só preciso, todos os dias, acreditar neles.

E chegar a tempo dos meus aplausos.

Isso me preenche mais do que ter uma *nação* cheia de Cristinas imaginárias às costas.

Sim às pessoas reais. Sim aos verdadeiros amigos. Sim a não precisar colocar um único trecho de trilho.

Pessoas por quem eu morreria.

Todas as vezes.

Por quem eu morreria.

simsim**sim**sim**sim**sim**sim**sim**sim**sim**sim**sim

Por fim, a dança termina. Meredith e Cristina sorriem uma para a outra. Cristina se volta para ir embora e então, à porta, ela se vira. Diz as últimas palavras. O último conselho para as mulheres dos Estados Unidos.

— Não deixe que ele tire o seu brilho. Ele é o cara dos sonhos — diz ela. — Mas não é o sol. Você é.

O último conselho de Cristina não é apenas para as mulheres dos Estados Unidos, percebo agora, mas também para mim.

14

Sim para quem sou

É algum momento no fim dos anos 1970. Tenho 6 anos, caminho por um corredor, seguro a cauda do vestido da minha irmã mais velha. É o dia do casamento de Delorse. É um lindo dia, um casamento em um jardim aberto. Durante todo o caminho pelo corredor, por cima da música da marcha nupcial, consigo ouvir minha irmã sussurrando:

— Não vou conseguir, não vou conseguir.

Ela caminha sobre a grama, veja bem, os saltos afundam na terra, o vestido pesa mais do que eu, e Delorse está nervosa. Levá-la até o fim do corredor se tornou uma tarefa hercúlea.

— Não vou conseguir, não vou conseguir.

Ao lado de Delorse, segurando a mão dela, com a voz calma, os passos firmes, meu pai ajuda minha irmã a dar cada passo adiante.

— Um passo depois do outro — diz ele.

Toda vez que Delorse sussurra "Não vou conseguir", ele sussurra de volta "Um passo depois do outro".

— Não vou conseguir.

— Um passo depois do outro.

— Não vou conseguir.

— Um passo depois do outro...

Carreguei a cauda do vestido de minha irmã quando era uma criança pequena, há cerca de 35 anos. Antes disso, aos 4 anos, fui a menina das flores no casamento de minha tia Carolyn. Fui dama de honra duas vezes e madrinha uma. Ao longo das muitas temporadas de *Grey's Anatomy* e *Private Practice*, trabalhei com nossas equipes de produção para planejar mais de catorze casamentos e ainda há mais — ainda escolho cada vestido e cada aliança de noivado e discuto cada decoração.

Em 2009, quando Betsy Beers se casou em Veneza, na Itália, diante do Grande Canal, não tive uma função específica. Mas como escolhi basicamente derrubar Betsy, amarrá-la e arrastá-la para um camarim cheio de vestidos de noiva para evitar que ela "simplesmente vestisse algo azul-marinho" — como era seu plano —, considerei minha função a mais importante de todas. Betsy tem a silhueta esguia de uma modelo de passarela; com Vera Wang como testemunha, eu faria com que ela a usasse. Não poderia haver chamado mais grandioso. A única mulher a se casar no museu Peggy Guggenheim, sob a pintura preferida dela, enquanto o sol se punha no Grande Canal de Veneza, *usaria* alta-costura, ou eu morreria tentando. De nada, Itália.

Enquanto eu obrigava Betsy a experimentar um vestido atrás do outro, cada peça escolhida a dedo pelas mãos de estilista de Mimi Melgaard, Betsy ficava me encarando com um misto de diversão e horror diante da alegria onírica em meu rosto.

Betsy e eu trabalhamos juntas por quase 15 anos. Achamos que o segredo de nossa habilidade de passar tantas horas juntas sem um único homicídio é o fato de que somos opostos perfeitos. Ela é alta e magra e branca e tem um ar de elite branca protestante. Eu sou baixa, curvilínea e negra e católica. Quanto mais irritada eu fico, mais alto ela fala. Betsy tem uma memória enciclopédica para TV, filmes, literatura, cultura pop, música, é só dizer. Eu não costumo me lembrar onde meu relógio está até que alguém diga que está em meu pulso. Somos opostos. Mesmo assim, ela parece estarrecida com minha alegria tola por vestidos brancos estilo princesa. Betsy acha o conceito de um vestido branco terrível. Que eu sinta uma alegria ingênua com relação a um vestido branco estilo princesa — que eu tenha um gosto *tão* diferente do dela para vestidos de casamento — deixa Betsy perplexa.

Depois que chego bem perto de entrar em combustão espontânea por conta de tanta animação a cada troca de vestido, Betsy não aguenta.

— Como pode estar tão animada a ponto de fazer xixi nas calças? — pergunta ela, arrancando um enfeite de frufru que ficaria ridículo em qualquer ser humano.

— Porque amo casamentos! — grito, com a voz esganiçada. A proximidade de todos aqueles vestidos está me dando algum tipo de onda por contato. É a mesma sensação que tenho quando estou prestes a destruir alguém no jogo de Scrabble. Ou em badminton. Ou no tricô.

Quer dizer, eu *amo* casamentos.

Amo casamentos.

É claro que sim. São festas. E amo festas.

Mas *amo* mesmo casamentos.

AMO. ADORO.

As flores, as velas, os votos, os temas, os vestidos.

Não me canso disso.

Sei dizer exatamente como seria meu casamento, como seria meu vestido, como seria o buffet... ah, planejei casamentos o suficiente para saber o tipo certo que quero.

Há só um problema. E naquele dia, quando Betsy sai do camarim exibindo impecavelmente o vestido de noiva perfeito, ela diz:

— Não sei como pode gostar tanto de casamentos e não querer se casar.

Ah, é. Isso.

Em 2009, não quero me casar.

Esse é meio que o problema. Bem... na verdade, não. Esse não é o problema.

O problema é que estamos no Ano do Sim, em 2014. O problema é que eu deveria me casar no verão. Há uns oito meses depois do início do Ano do Sim.

E ainda não quero me casar.

Acho que nunca vou querer me casar.

ESSE é o problema.

simsimsimsimsimsimsimsimsimsimsimsim

Eu sempre soube que queria ser mãe. Sempre soube que queria adotar. Sempre soube essas coisas com toda certeza. Do mesmo modo que você sabe que o sol nasce. Que sabe sobre as estações do ano. São fatos. Do mesmo modo como sabia que envelheceria com graciosidade. Do mesmo modo como sei que sou escritora. A maternidade parecia tão verdadeira dentro de mim que jamais me ocorreu questioná-la.

Presumo que as pessoas se sentem dessa forma em relação a casamento. Acho que se sentem.

Eu não.

Nunca senti.

Embora não brincasse muito quando criança, Sandie brincava. Como éramos as únicas crianças pequenas em uma casa cheia de adolescentes, minha irmã Sandie se viu obrigada a contar comigo como uma parceira nas brincadeiras. Dois anos mais velha, ela me arrancava da despensa ou tirava o livro das minhas mãos. E me obrigava a brincar com ela. Mas não brincava da forma como outras crianças pareciam querer brincar. Sandie não queria brincar de bola ou andar de bicicleta bem rápido ou cavar terra ou gritar em um grupinho de meninas perseguindo meninos. Não. Sandie estava interessada em brincadeiras elaboradas de faz de conta.

Bem...

Brincadeiras elaboradas em que fazia de conta que era minha mãe.

Ela usava papel pardo e lápis de cera para fazer a própria cozinha, e então brincávamos de *Fazer Jantar* e *Lavar a Louça*. Quando minha mãe viu o quanto Sandie estava determinada, minha irmã ganhou um pequeno avental, um conjuntinho de chá de porcelana e uma forminha de bolo furada, de verdade, na qual minha mãe deixava que assasse bolos minúsculos de verdade no forno de verdade. Uma vez por semana, Sandie dispunha com cuidado nossa grande coleção de roupas de boneca na mesa da cozinha, com etiquetas de preço feitas à mão presas a cada peça. Então ficávamos do lado de fora da porta encarando o relógio até que uma de minhas prestativas irmãs mais velhas gritasse: "A loja abriu!" Era o sinal para corrermos para dentro e chegar primeiro até as mercadorias. Em algum momento, uma balconista de mentirinha dizia algo esnobe de mentirinha para Sandie, algo com implicações levemente racistas. E Sandie dava um fora tão corajoso e inteligente na balconista de mentirinha, e com tanta dignidade, que a balconista, em lágrimas, acabava perseguindo Sandie pela loja, oferecendo vender o vestido mais barato a ela. Isso sempre levava Sandie a exigir falar com a gerente de mentirinha. Esse jogo se chamava *Mamãe Fazendo Compras na Loja de Departamentos.*

Sandie recebeu uma minúscula máquina de costura branca da Singer em um Natal que acho que deveria ser um brinquedo, mas nas mãos de Sandie se tornou o kit próprio de *Project Runway* dela. Sandie costurava roupas para nossas bonecas — roupas realmente impressionantes, na moda e bem-feitas. Ela me explicava a importância de um produto de qualidade e por que as coisas baratas no shopping não valiam a pena. Isso se chamava *Mamãe costureira.*

Por um bom tempo, eu brincava com ela de maneira obediente, seguindo Sandie. Mas à medida que fiquei mais velha, nada mais era certo...

Minha boneca Cara — porque nos anos 1970, se você tinha uma Barbie negra, o nome dela era Cara, e tinha cabelos curtos; já nos anos 1980 o nome dela era Christie e tinha cabelos longos com luzes douradas —, enfim, minha boneca Cara passava a maior parte do tempo em uma faculdade com a amiga dela, Cara II, que, por coincidência, se parecia exatamente com Cara, discutindo os planos de esquiar em Gstaad (Gstaad sempre soou legal para mim) e tentando decidir entre se tornar governanta ou viajar com a tia rica como dama de companhia (o livro *Mulherzinhas* era importante para mim na época). Em algum momento, Ken inevitavelmente aparecia para chamá-la para sair. Cara jamais dava risinhos e vestia o minúsculo vestido de noiva que minha irmã costurara com esmero para ela. E jamais saía com Ken.

Assim que ganhei Ken, eu o examinei com atenção. Achava estranha a pélvis lisa e quadrada dele, assim como os cabelos pintados. E a cabeça dele... foi a ruína de Ken.

Cara jamais saiu com aquele Ken. Em vez disso, ela arrancava a cabeça do Ken e guardava os muitos pares de sapatos no crânio oco de Ken, por uma questão de segurança. Então recolocava a cabeça dele e o obrigava a levá-la de carro até a organização de espiãs que secretamente comandava com sua arqui-inimiga, Nancy Drew. A cabeça oca de Ken era funcional e ornamental.

Eu não queria fazer minúsculos bolos furados no meio ou costurar vestidos. Nem usar aventais ou fazer compras. Não estava interessada em brincar de realidade. Eu queria passar meu tempo, bem... inventando coisas. Contando histórias. Vivendo em minha imaginação. E em nenhum lugar dela o casamento estava presente.

Ah, mas as noivas...

Noivas se tornaram tudo para mim na primeira vez em que vi Maria, em *A noviça rebelde*. Ela deixou o convento, tinha um bilhão de crianças, aquele tal de capitão era bonitão e o vestido de noiva dela era *irado*.

Amo romance. Amo amor.

Amo namorar os não Kens do mundo, os homens que têm algo além de ar na cabeça. Amo estar namorando. Amo homens interessantes.

Amo quando minha cliente tem reuniões. Mmm-OK?

Mas.

Casada?

Quem se importava?

— Mas Shonda, e se ele for O Homem? E se vocês foram FUPO: Feitos Um Para o Outro? E se ele for sua alma gêmea?

Suspiro.

simsimsimsimsimsimsimsimsimsimsimsim

Veja como meus pais são perfeitos um para o outro.

Em 1994, estou me formando com um mestrado em artes na faculdade de cinema da Universidade do Sul da Califórnia. Então meus pais pegam um avião para comparecerem à cerimônia.

Insisto para que fiquem comigo em meu pequeno apartamento, que não está localizado em uma das partes boas de Los Angeles. Eles concordam na hora. Naquela noite, dou minha cama a meus pais e me deito no chão para dormir.

Está silencioso, está escuro, estamos todos deitados ali por talvez trinta ou quarenta minutos. Acho que estão dormindo. Estou quase dormindo. Então, no escuro, a voz de minha mãe flutua.

— Sabe, eu estava pensando — diz ela.

Não uma pergunta. Uma afirmação.

E meu pai responde no ato. Eu estava errada sobre eles estarem dormindo.

— Em quê?

E minha mãe responde...

Espere. Vamos deixar claro que errarei completamente isso porque não sei NADA sobre esse tópico, está bem? Enfim...

...Minha mãe diz algo como:

— Estava pensando na teoria de Maslow da representação psicossexual e em como ela se relaciona com a síndrome de Estocolmo.

Estou deitada no chão pensando "O QUÊ?"

Porque eu estava pensando em, talvez... doces.

Mencionei que minha mãe é uma ph.D. gênio?

Espero que meu pai responda. Espero, imaginando como ele vai, com gentileza, dizer a minha mãe que ninguém sabe do que ela está falando e pedir que, por favor, vá dormir.

Mas isso não acontece.

Ouça isto. *Apenas ouça.*

— Estava pensando na teoria de Maslow da representação psicossexual e em como ela se relaciona com a síndrome de Estocolmo — diz minha mãe.

E meu pai responde:

— Eu também estava pensando nisso!!

Assim. Com dois pontos de exclamação na voz. Então meus pais prosseguem para uma longa e entusiasmada conversa sobre que diabo seja aquele assunto.

Eis o quanto são perfeitos um para o outro.

Porque meu pai estava pensando naquilo também.

Minha estava pensando naquilo. E meu pai também estava pensando. E ambos acharam interessante.

Estão sempre pensando nas mesmas coisas e terminando as frases um do outro. Eles se seguem pela casa de cômodo em cômodo. Como patos que se apegaram um ao outro.

Eles se conheceram em um encontro às cegas. Deve ter sido um encontro às cegas incrível. Parece que nunca terminou.

São parceiros, companheiros de viagem, melhores amigos, uma sociedade intelectual de dois, colegas no fanatismo por esportes, complementos perfeitos e, depois de cinquenta e não sei quantos anos, ainda são namoradinhos, loucamente apaixonados. As pessoas acham que estou exagerando sobre o casamento de meus pais, até os conhecerem. Depois de conhecer meus pais, você também verá. Meus pais são o exemplo perfeito do que deveria ser o casamento. Eles entendem o trabalho do casamento e parecem acreditar na constância dele. Para meus pais, é uma jornada com reviravoltas, curvas, lombadas e possivelmente desvios, mas sem fim. Não há rampas de saída. E eles não se importam. Estão ocupados demais, aproveitando.

Eu cresci com um assento na primeira fila para um casamento feliz e saudável. Nunca perfeito, constantemente em evolução, sempre unido.

Meus pais são a bolada do casamento.

Meus pais fazem o casamento parecer o mais agradável encontro de mais de cinquenta anos. Meus pais fazem você achar que criar seis filhos e envelhecer lado a lado será algum tipo de festa. Eu venero o casamento deles. Reverencio e respeito. Me exibo em relação a ele com todos os meus amigos.

Eles são FUPO: Feitos Um Para o Outro.

São almas gêmeas.

Ainda não quero me casar.

Digo isso a mim mesma porque eles têm o casamento perfeito. O exemplo deles é perfeito demais. Se eu porventura conhecer alguém que me leve a pensar que posso ter um casamento tão bom assim...

Eu disse a mim mesma que tinha a mente aberta. Até chegar aos 40 anos, o fato de que não queria me casar era apenas essa coisa que flutuava pela minha mente de vez em quando. Nem mesmo era real. Era apenas uma teoria. Eu nunca nem sequer disse em voz alta. Para ninguém. Por que diria? A julgar por algumas das reações que recebi de histórias que escrevi para minhas personagens na TV, uma mulher que não quer se casar ou ter filhos é motivo de uma boa e velha inquisição.

As pessoas realmente não gostam quando você decide sair da estrada e subir a montanha. Parece que deixa nervosas até as pessoas bem-intencionadas.

— Só queremos que você seja feliz — me diziam amigos confusos e ansiosos, sempre que eu parecia totalmente feliz por estar solteira.

Eu guardava os sentimentos para mim. Não mencionava com amigos nem com a família. Não mencionava com homens com quem eu estava saindo. Pensava: "Quem sabe, como saber? Vou mudar de ideia. Talvez esteja errada. Talvez o casamento seja algo que quero, mas ainda não saiba. Fique aberta."

Então, fiquei aberta. O mais aberta possível enquanto construía uma vida, uma carreira e uma família que não exigiam um marido.

Então...

simsimsimsimsimsimsimsimsimsimsimsim

Vou falar disso *sem* falar disso. O máximo possível. Pegue leve em relação a isso. Deixei você se intrometer na minha vida toda. Mas isso? Não é apenas minha vida. E aqui? Eu mudo mais do que alguns detalhes. Mudo todo tipo de detalhe. Jogo um pouco de purpurina e tiro algumas faíscas. Quero passar a mensagem — não quero passar nenhum fato que envolva outra pessoa.

Estamos entendidos?

Enfim, foi culpa minha, na verdade.

Toda a coisa de casamento. Eu comecei. Jamais tive a intenção. Não planejei. Eu só...

Ele é um ótimo cara. É engraçado e inteligente e muito bonito.

Eu estava entusiasmada com ele e o conhecia há anos. Ele amava minhas filhas. Minha família o adorava. Meus amigos gostavam dele. Nós nos divertíamos, ríamos, conversávamos. Ele me amava. Eu o amava. A coisa toda era ótima.

Eu estava entusiasmada.

Estava muito entusiasmada.

Está sentindo o que está prestes a acontecer?

Eu não. Sinto *agora*. Posso ver com clareza agora. Mas na época... Não vi o que estava para acontecer.

Há um momento em todo relacionamento em que a questão é: para onde vai? O quão sério é? O que virá a seguir?

Jamais faço essas perguntas. O que ouço ser raro para uma mulher. Mas não pergunto. Porque não me importo com as respostas. Para mim a questão é: onde estamos agora? O que está acontecendo agora?

Mas alguém no relacionamento sempre acaba fazendo essas perguntas. Para onde vai? O quão sério é? O que virá a seguir?

Ele quer saber.

Estou entusiasmada.

Mas não quero falar do que virá a seguir.

Mas ele quer saber.

E tenho quase certeza de que o motivo pelo qual ele quer saber é porque estou entusiasmada. Meu entusiasmo permitiu que ele se perguntasse.

E por falar em conversa difícil. E antes do Ano do Sim, não sei o que fazer com relação a conversas difíceis.

Estou nervosa, estou estressada. Mas não quero ser teimosa. Quero ter algumas respostas. Eu me importo com as respostas porque ELE se importa com as respostas.

Talvez eu queira me casar. Talvez o casamento seja incrível.

Sim. Obviamente. Casamento é incrível.

Digo a Linda Lowry o quanto o casamento é incrível. Ela é casada há uma eternidade. Mas, mesmo assim, faço um sermão. Faço um monólogo esganiçado ao ritmo de *Scandal* para Linda sobre como o casamento é incrível para as pessoas. Ela me encara. Mais tarde, me dirá que eu estava com uns olhos mais loucos, zonzos, que ela já viu em um ser humano. Mas eu me sinto satisfeita. Acho que tenho tudo sob controle.

Antes de começar o Ano do Sim, pensava muitas coisas loucas e zonzas a respeito de mim mesma. Mas, obviamente, preciso de uma ajuda. Obviamente, tenho um problema.

Então, sem pedir, sem falar — lá em cima é tudo assim —, a contadora de histórias é chamada do banco de reservas em meu cérebro e entra no jogo. E — ah, sim, vou usar metáfora de esporte com você — marca um *home run* na primeira vez em que lança a bola.

A contadora de histórias resolve o problema. Minha mentirosa interior limpa tudo. Nós nos sentamos em volta de uma fogueira, minha contadora de histórias e eu, e tecemos contos sobre casamentos em ranchos em Montana. Falamos sobre como casamento é bom uma vez que se esteja nele e sobre como combinamos perfeitamente e como, é claro, isso será ótimo e como estamos apegados um ao outro como dois patos.

Disponho alguns trilhos.

Ah, quantos trilhos disponho.

Para um trem que está...

...*essa* é a questão.

Não *há* trem.

Não há equipe esperando para montar um set de filmagens. Não há orçamento a ser cumprido. Nenhum ator para filmar.

Estou dispondo trilhos em uma cidade fantasma para um trem fantasma.

Estou dispondo trilhos em uma rota para lugar nenhum para um trem que não está vindo.

Só ainda não sei. Ainda acho que ouço aquele trem apitando ao longe. Chegará a qualquer minuto...

Então permaneço entusiasmada.

Casamento!! Não é incrível?!

(respire, respire)

...apegados um ao outro como dois patos...

Um passo depois do outro. Não vou conseguir.

Nós juntos *pelo resto da vida.*

Um passo depois do outro. Não vou conseguir.

...apegados um ao outro como dois patos...

Ele está tão feliz. Eu estou tão feliz. Só...

Um passo depois do outro. Não vou conseguir.

Penso em Delorse, com 35 anos de casamento com Jeff. Penso em meus pais, uma vida inteira de união. Imagino a mim mesmo com dois meses de casamento e tenho dor de cabeça.

Vamos esperar, digo. Para contar à família e aos amigos. Até depois que a vida com meu mais novo bebê se acalme. Até depois que nossas famílias tenham se conhecido. Até depois do Natal.

Até depois, até depois, até depois...

Um passo depois do outro. Um passo depois do outro. Um passo depois do outro.

Não vou conseguir.

No momento, lembre-se, estamos antes do Ano do Sim. Então faço o que sempre fiz quando estou estressada. Começo a comer.

Como. E como. E como. Coloco comida por cima e por cima. Como falei, estou gorda como nunca. Ele não se importa. Ele me ama. O amor dele vai além da superfície. É um ser humano incrível.

Quanto mais incrível ele é, mais comida enfio goela abaixo.

As pessoas ficam me dizendo que estou brilhando.

Porque estou apaixonada, dizem elas!

Porque estou gorda e suada, digo eu!

Todos estão tão incrivelmente felizes por eu estar com ele. Todos o amam. Não se cansam de amá-lo.

Nota: os parabéns que recebi por ter um cara com quem todos esperavam que eu fosse me casar obscureceram *todo e qualquer* parabéns ou felicitação que acompanharam os nascimentos de minhas filhas e quaisquer das minhas realizações profissionais. Era assombroso. A presença de um homem ao meu lado deixou as pessoas tão apopléticas de felicidade quanto naqueles antigos vídeos de gente assistindo a uma apresentação ao vivo de Michael Jackson. Na qual gritavam e choravam.

Tudo bem, não gritando e chorando.

Mas, sério.

Estavam quase gritando e chorando.

Um cara. Contra três crianças; uma noite inteira de televisão; um prêmio Peabody; um Globo de Ouro; prêmios por realizações de uma vida inteira da DGA, da WGA e da GLAAD; 14 prêmios da NAACP Image; três prêmios AFI; uma medalha de Harvard; e indução no Broadcaster Hall of Fame — para citar apenas algumas de minhas realizações.

Um *cara.*

Ele é um cara ótimo. Um dos melhores. Clooney *bem queria.*

Mas como não sou o Dr. Frankenstein — e portanto não tive nada a ver com a criação dele —, preferia não ser parabenizada pela presença dele.

É esquisito.

Como se meu valor tivesse subido porque um cara me queria.

Sabe o que é um tabu maior do que ser gorda?

Não querer se casar.

Lembre-me de começar uma revolução a respeito disso depois.

simsim**sim**sim**sim**sim**sim**sim**sim**sim**sim**sim

Ao longo do Ano do Sim, começo a tirar da mente a história de que somos dois patos, de que estamos apegados um ao outro. Porque não estamos. Eu sabia que não estávamos. Porque eu estava acordada à noite. Em pânico.

Ele se mudaria para cá? Comigo? E as crianças? Morar aqui? Comigo?

Eu precisaria falar com ele o tempo todo. Vê-lo todo dia. Saber dele. Entregar a ele muito mais de minha energia e de meu foco. É incrivelmente difícil encaixá-lo agora. E não digo isso como um insulto. Digo como a verdade. Todo meu tempo livre, passo com as crianças ou então com meus amigos e minha família. Há uma quantidade de tempo sozinha de que preciso apenas para ter uma brecha na mente para escrever, para ter o que chamo de tempo mental na despensa. Já abro mão de um pouco de tempo de cada para vê-lo.

Ele oferece, com toda a gentileza:

— Posso ficar por aqui enquanto você escreve. Não precisamos conversar. Só quero estar com você.

Você e eu somos amigos próximos agora, leitor. Então sabe como me sinto em relação a escrever.

Escrever é o *zum*. Escrever é dispor trilhos. Escrever é a onda.

Agora, imagine que esse *zum*, essa onda, esse trilho a ser disposto está atrás de uma porta. E essa porta está a três quilômetros. Esses três quilômetros são apenas... porcaria escrita e rabiscos e tentativas de uma ideia e surfar na internet e esperar muito não se distrair tanto a ponto de desistir. Pior? Esses três quilômetros estão cheios de brownies e cupcakes e episódios de *Game of Thrones* e Idris Elba esperando para falar com apenas você e romances muito bons para ler.

Sempre que me sento para escrever, tenho que correr mentalmente esses três quilômetros além de tudo isso até aquela porta. É uma longa e árdua corrida de três quilômetros. Às vezes estou quase morta quando chego à porta.

É por isso que preciso continuar fazendo isso.

Quanto maior a frequência com que corro os três quilômetros, mais em forma eu fico. E quanto mais em forma eu fico, mais fácil a corrida parece, e menos todas aquelas coisas no canto da estrada parecem fresquinhas. Quero dizer, há quanto tempo estão ali? Mais importante, conforme fico mais em forma, consigo correr mais rápido. E quanto mais rápido eu corro, mais rápido consigo chegar até aquela porta.

E mais rápido vocês conseguem também, escritores lá fora.

Quando você se senta para escrever todos os dias, fica mais e mais fácil acessar aquele espaço criativo dentro de sua mente.

Quanto mais rápido eu consigo chegar àquela porta, mais rápido consigo chegar às coisas boas.

Atrás daquela porta estão as coisas boas.

Então, quando alcanço a porta e abro... é quando minha criatividade entra em ação e aquele ponto especial no meu cérebro começa a funcionar e passo de esforço a exultação e, de repente, posso escrever para todo o sempre e sempre e semp...

Então alguém abre a porta e me pergunta se quero café ou água e estou a três QUILÔMETROS DE DISTÂNCIA de novo.

Trinco os dentes e tento sorrir e dizer *Não, obrigada, sabe, já tenho café E água, bem aqui*. Então começo a correr os três quilômetros de novo.

Isso acontece basicamente 35 vezes por dia no escritório.

Alguém desliga meu *zum*. É sempre por um bom motivo. Mas ainda preciso sentar sobre as mãos para evitar as acusações de assassinato que acontecem em um universo alternativo.

Imagine isso acontecendo em casa, caro leitor. Com alguém que ama você e não está tentando incomodá-lo.

Eu não preciso imaginar. Conheço isso muito bem.

Tenho filhas. Qualquer mãe que trabalhe sabe como funciona. Mas é uma coisa se elas desligam meu *zum*. Eu prestativamente trincaria os dentes e sorriria para elas o dia todo. Ficaria de pé diante de um ônibus por elas. Lutaria com um leão por elas. São minhas filhas.

Tento imaginar se não fossem minhas filhas. Tento imaginar o acréscimo dele à mistura.

Por que eu faria isso comigo? Com ele?

Faz com que eu me sinta presa. Enjaulada. Eu sei, eu sei. Isso faz com que eu pareça um monstro. *Alguém a ama tanto que quer estar com você, Shonda! Qual é o seu problema? Eu simplesmente não a entendo!*

Sabe quem me entende? Quem está comigo nesse tópico?

Cristina Yang.

Dei a ela minha teimosia em relação ao casamento. Dei a ela minha paixão por trabalho. Dei a ela meu amor por algo maior do que qualquer romance, algo que atrai a concentração dela mais do que qualquer homem — um gênio criativo flutuando o tempo todo, fora do alcance, que ela jamais tentará parar de capturar.

O amor verdadeiro de Cristina? A alma gêmea dela? O FUPO dela?

Cirurgia.

Por que se casar com o cara quando se pode ter a Fábrica de Chocolate?

Ele me ama. Eu o amo. Mesmo assim, não consigo imaginar dar mais atenção a ele. Eu tento. Simplesmente não consigo imaginar.

Enfim falo. E digo que quero adiar não apenas um casamento, mas qualquer *assunto* de casamento.

Por quanto tempo?

Por um ano inteiro.

Isso não acaba bem. Mas ele aceita. Porque é uma pessoa fantástica de verdade, boa e compreensiva. Sou eu quem ainda está ansiosa. Porque sei que não é isso. Sei que estou adiando a verdadeira conversa.

Nesse Ano do Sim, esse Sim é o mais difícil.

Diga sim, digo a mim mesma. *Diga sim a dizer a sua verdade.*

Falo com as pessoas da minha lista de por quem morreria. Elas estão sérias. Preocupadas. Mas me apoiam. Minha tribo está comigo.

Então eu faço. Eu digo. A ele. Na cara dele. Pela primeira vez.

— Não quero me casar. Talvez eu nunca queira me casar. Tenho quase certeza de que de jeito nenhum vou querer me casar. Bem. Talvez quando Beckett tiver saído da faculdade. Ou quando eu tiver 75 anos.

Ele fica chocado. E com razão.

Ele quer saber por quê.

Falo por muito tempo. Sobre os motivos tradicionais para se casar não existirem mais para uma mulher independente. Sobre como o casamento é um pedaço de papel, um contrato vinculante para proteger propriedade e bens, e como muitas vezes é utilizado legalmente para proteger os direitos das mulheres caso estejam criando filhos e se vejam sem uma renda. Casamento é uma parceria financeira. Casamento não tem nada a ver com amor. Amor é uma escolha que podemos fazer todo dia. Amor romântico como um caminho para o casamento é um conceito relativamente novo, digo a ele. E é um conceito tolo.

Digo a ele que não acredito em divórcio. Jamais.

Digo que já vi de perto, com meus pais, uma união incrível, fantástica, de casamento e amor romântico, e por isso sei como é o casamento mais amor constante e o quanto dá trabalho.

Respiro fundo e conto a ele que meu primeiro amor é escrever. Escrever e eu somos FUPO. Digo que minhas reservas de energia são limitadas e que com alegria despejo nelas essa energia em escrever e criar minhas filhas. Então jamais despejaria a mesma energia em um casamento, como sei por nossas conversas que ele imagina que um casamento deva ser. Digo a ele que me ressentiria e passaria a me odiar se nos casássemos e eu não fizesse dele uma prioridade acima de meu trabalho. E não tenho habilidade para dar menos espaço à criatividade em minha alma. E também não tenho o desejo de fazer isso.

Digo: vamos ser mais boêmios com relação a isso. Vamos apenas deixar que o amor seja amor e vamos abandonar todas as definições e as expectativas. Vamos parar de pensar em casamento como a linha de chegada, vamos redefinir o que uma vida a dois significa para nós. Sejamos livres, não vamos nos restringir com regras.

Quero dizer tudo isso.

Não digo tudo isso.

Digo parte disso. Não desabafo tudo. Porque ele parece tão desapontado... E confuso.

Ele diz:

— Mas... mas... Achei que você fosse muito mais tradicional do que isso.

E é quando percebo: *Eu sou o trem.*

Eu sou o trem.

Eu dispus os trilhos.

Para o trem que sou *eu*.

Sou a história chacoalhando por aqueles trilhos e se perdendo de vista. Sou a falsidade. Eu me inventei. Dispus aqueles trilhos e construí aqueles sets de filmagem e me filmei e apitei direto para dentro da estação. E, nossa, aquele trem foi uma boa viagem. Dou uma boa história. Eu me criei de acordo com o que ele estava procurando.

E essa criação tem pouco em comum com a pessoa que vejo todo dia no espelho.

Estou velha. E gosto de mentir.

Quem diria que estava mentindo para nós dois?

O papel de Shonda é interpretado por... Shonda.

simsimsimsimsimsimsimsimsimsimsimsim

Eu gostaria de poder dizer que saí cambaleando daquele relacionamento, devastada e arrasada.

Não saí.

Sei que pedi a você que não entrasse em meu livro e me julgasse. Mas aqui, bem aqui nesta página? Está livre para julgar. Não vou estampar uma atitude e expulsar você do meu livro. Pode julgar.

Veja bem. A questão dessa grande revelação momentânea que tive e que cristalizou quem sou e para sempre... mudou minha vida? Essa revelação só aconteceu comigo. Tive uma revelação. Outra pessoa foi partida. Então, enquanto eu estava ocupada tendo epifanias, uma coisa horrível estava acontecendo com um ser humano maravilhoso. Eu podia estar crescendo e mudando, mas também estava tirando o sonho e o plano para o futuro de outra pessoa e ateando fogo a isso. Que o preço de minha alegria tenha sido a dor de outra pessoa é algo pelo qual vou me perdoar. Um dia.

Mas, então, naquele dia? Assim que acabou, não consegui sentir nada disso. Só consegui sentir... um alívio avassalador. Alegria.

Então, como eu disse, você está livre para julgar. Vá em frente e julgue. Vai querer. Porque preciso dizer, eu não apenas saí daquele relacionamento...

Eu dancei.

Eu *dancei para esquecer os problemas*. Mais feliz do que me sentia há muito tempo.

simsimsimsimsimsimsimsimsimsimsimsim

Quando vejo Delorse, estou sorrindo. Brilhando. Mais leve. Mais feliz.

— Por que está tão alegre? — pergunta ela.

— Terminamos porque eu nunca vou querer me casar!

Delorse levanta a sobrancelha. Estou literalmente rebolando pela sala de estar. Minha mãe chama isso de "arejar a traseira" e, quando ela fala assim, devemos parar. Mas minha mãe não está aqui, então exibo meus melhores passos de dança dos anos 1980: o Homem Correndo, o Passo do Repolho...

Delorse me encara. Minha filha Emerson está no colo dela. Emerson me encara também. Delorse gesticula em minha direção, capturando todos os meus movimentos com um gesto.

— Isso. Isso é alguma coisa do Ano do Sim que está acontecendo?

— Sim! — E conto a ela o que aconteceu enquanto danço.

— Então — diz Delorse, devagar, quando termino —, você está feliz assim porque disse sim para não se casar.

Paro de arejar minha traseira. Sento. Fico quieta por um momento.

— Não. Acho que estou feliz assim porque percebi que *realmente* não quero o conto de fadas. Quer dizer, eu tive um. Quer dizer, eu estava em um. Já tenho uma carreira incrível, filhas ótimas, um lar maravilhoso, uma vida fantástica. E agora, ali estava o cara incrível. Eu tinha, eu teria *tudo*. Deveria querer tudo. Deveria me completar. Conseguir o cara incrível é o final da série. Parte de mim secretamente achou que talvez eu estivesse apenas sendo obstinada, que se eu apenas fizesse o que deveria fazer, se eu me casasse, acabaria sendo mais feliz. E todos estavam animados por mim. Teria sido tão simples. O casamento estava bem ali. O cara incrível estava bem ali. *E eu não queria.*

E saio da sala fazendo o passo *moonwalk*. Delorse me encara. Sei que ela não entende. Explicarei mais tarde. No momento, preciso dançar.

Isso sim é grandioso para mim.

Está pronto?

Meu final feliz não é igual ao seu final feliz. E o seu não é o mesmo que o de minha irmã Delorse ou minha irmã Sandie ou Zola ou Betsy ou Gordon ou Scott ou Jenny McCarthy. Todos têm a própria versão.

Todos passamos nossa vida nos punindo por não sermos de um jeito ou de outro, por não termos uma coisa ou outra, não sermos como esta ou aquela pessoa.

Por não alcançarmos algum padrão que achamos que se aplica igualmente a todos nós.

Todos passamos nossa vida tentando seguir o mesmo caminho, viver sob as mesmas regras.

Sermos mais como todo mundo.

Isso? É errado.

Não há lista de regras.

Há uma regra.

A regra é: não há regras.

A felicidade vem de viver conforme *você* precisa, conforme você *quer*. Conforme sua voz interior diz. A felicidade vem de ser quem você é de verdade em vez de quem acha que deveria ser.

Ser tradicional não é mais tradicional.

É engraçado ainda pensarmos dessa forma.

Normalizem suas vidas, pessoal.

Não quer um bebê? Não tenha um.

Não quero se casar? Não case.

Quer viver sozinha? Aproveite.

Quer amar alguém? Ame alguém.

Não peça desculpas. Não explique. Jamais se sinta inferior.

Quando você sente a necessidade de pedir desculpas ou explicar quem é, significa que a voz em sua cabeça está contando a história errada. Comece do zero. E reescreva.

Nada de contos de fadas.

Seja seu narrador.

E siga para um final feliz.

Um passo depois do outro.

Você vai conseguir.

15

Sim à beleza

Estou de pé sobre uma caixa de maçãs.

A caixa firme de madeira usada tradicionalmente para conter frutas serve como plataforma, me deixando alta o suficiente para que a luz atinja meu rosto no ângulo certo. A luz atingir meu rosto no ângulo certo, me disseram, é muito importante.

Essa não é minha especialidade. Então, quando o assistente de câmera aponta para a caixa de maçãs, subo nela de maneira obediente. Fico de pé na caixa de maçã e não me mexo. Espero. Alguém me dirá o que fazer a seguir, certo?

Atrás de mim está um pedaço grande de tecido escuro, um fundo simples e elegante. Diante de mim há cabos elétricos grossos, luzes altas com filtros de cor, uma infinidade de membros da equipe que formam uma intensa pista de obstáculos. Duas garotas troncudas com sotaques do Sul trabalham para colocar a câmera em um local específico, movendo-a alguns centímetros em busca de precisão de acordo com algum plano invisível.

Bem nos fundos da sala, consigo ver homens e mulheres bem--vestidos perambulando pelos cantos, mantendo-se longe do caminho dos equipamentos e conversando em voz baixa. Esses são os engravatados — o exército de profissionais de assessores de imprensa do estúdio, assessores pessoais, empresários e executivos de revistas necessários para se certificar de que o dia corra bem e de acordo com o horário. Vejo Chris de relance — Chris nº1, meu assessor — lá nos fundos.

Verifico a sala à esquerda, observando a parede improvisada que foi erguida para separar o camarim do restante do estúdio. De detrás dela, consigo ouvir o som da risada de Ellen Pompeo de um lado da sala, e o tom de voz baixo e tranquilo de Viola Davis do outro. Em algum lugar no meio, eu sei, está Kerry Washington.

Estou aqui com as mulheres protagonistas da série que passa toda quinta-feira à noite nas televisões americanas. Ellen, Kerry, Viola e eu faremos uma sessão de fotos para *Entertainment Weekly*. Estou prestes a me tornar capa de uma das revistas mais populares do país.

Ficar de pé na caixa de maçãs?

Claro que faço.

Se quiser que eu plante bananeira, tentarei.

Por fim, eu o vejo. O homem que estou procurando. O fotógrafo. James White. Ele está reunido em um canto com a equipe. Estão me encarando, cochichando. As cabeças estão inclinadas para o lado, me examinando, dissecando o que veem.

Levanto a cabeça o máximo que posso, esperando tornar a vista deles mais agradável. Encolho a barriga o máximo possível; procuro deixar transparecer uma expressão que parece uma versão de confiança e bravura. Tento parecer uma supermodelo. Ah, isso *não* vai acontecer. Balanço a cabeça, achando graça de nem sequer ter tentado.

Mas, por uma fração de segundo, sinto como se quisesse correr. Chego a cogitar isso. Talvez eu corra. Talvez simplesmente me vire e saia correndo.

Sim. Posso escrever um capítulo sobre isso.

Sim a *correr*.

A ideia me faz rir com escárnio. O riso faz Cathy franzir a testa para mim.

— Pare.

Cathy é uma maquiadora genial, e no momento ela tenta se certificar de que meus olhos estejam perfeitos. Então, quando ela diz: "Pare", está sendo mandona por um bom motivo. Está dizendo, na verdade: "Se você rir, você estremece. E, se você estremecer, essa coisa longa e pontiaguda que estou segurando na direção de seu olho vai perfurar sua órbita e você jamais vai rir outra vez."

Sei disso porque temos uma parceria de muito tempo — anos. Temos um sistema.

Suspiro para Cathy. Nostálgica. Espantada.

— Dá para *acreditar*?

Estou me referindo a *isso*. Onde estamos. O que estamos fazendo. A capa da revista. Quer dizer, um ano antes isso pareceria absurdo. Agora, parece divertido.

Cathy sorri para mim. Cathy e minha cabeleireira Verlyn presenciaram essa jornada de camarote. Durante os primeiros dias mais turbulentos do desafio, elas me animaram e me lembraram de que o Ano do Sim era uma boa ideia. Elas me viram exposta, me viram crua. Conhecem todas as rugas, os cabelos grisalhos e as imperfeições. Antes de cada entrevista, aparição pública ou sessão de fotos, meus olhos encontram os delas e esperam pelo leve aceno de cabeça que significa que estou bem, que é seguro ir em frente. Junto com minha estilista, Dana, elas são minha equipe glamorosa da lista de por quem eu morreria.

Cathy sorri para mim, reluzente. Calorosa.

— Depois da semana que teve? — diz ela. — Sim, Shonda. *Dá* para acreditar.

simsim**sim**sim**sim**sim**sim**sim**sim**sim**sim**sim

Foi uma semana incomum em um ano incomum. Uma semana em que novas paisagens encontraram seus lugares nas paredes de meu cérebro.

Na última segunda-feira, fiquei de pé em uma cabine de gravação e pude ser uma estátua.

Literalmente.

A prefeitura de Chicago pediu que vários escritores escrevessem histórias que seriam gravadas em arquivos de áudio, acessíveis digitalmente a qualquer um com um smartphone. A obra de arte à qual fui designada foi a estátua *O sol, a lua e uma estrela*, de Miró. Uma estrutura esquisita de quase doze metros, em formato de sino, com um garfo no lugar da cabeça, que fica na Brunswick Plaza. Assim que foi instalada, foi declarada horrível e debocharam dela, mas desde então passou a ser amada e hoje é conhecida pelo carinhoso apelido de "Miss Chicago".

Escrevi um monólogo que deu a Miss Chicago uma personalidade tímida e pouco atraente que, aos poucos, ganha força e alma. Fiquei naquela cabine para gravar o monólogo para o público. Estava lá para me tornar a voz de Miss Chicago. Aquele momento está gravado para sempre no tempo, um pequeno, mas poderoso retrato em minha parede. Enquanto eu estava de pé ali, sozinha diante do microfone, falando as palavras que tinha escrito para a estátua, precisei parar para me acalmar. Fiquei inesperadamente comovida ao dizer em voz alta, ao *tomar posse* de algumas das falas que com tanta facilidade entreguei a uma estátua.

"*Sou diferente. Sou original. E, como todo mundo, estou aqui para ocupar espaço no universo. Faço isso com orgulho.*"

simsimsimsimsimsimsimsimsimsimsimsim

Na terça-feira, uma nova pintura foi pendurada na parede de minha mente. Eu me vi mais uma vez no Beverly Hilton Hotel, no TCA. A emissora ABC estava fazendo a apresentação para os críticos com um painel dos programas TGIT. Viola, Kerry, Ellen, os demais produtores e eu fizemos *selfies* bobas logo antes de subirmos ao palco. Usei um vestido verde vibrante de Oscar de la Renta e me sentei bem no centro. Não sei quanto tempo o painel durou; nunca tenho certeza do tempo dessas coisas. Mas posso dizer que estava tagarela. Posso dizer que pareceu mais com minha sala de estar do que com um pelotão de fuzilamento. Alguém perguntou quem me interpretaria no filme de minha vida, uma pergunta que ainda me arranca gargalhadas de pavor. No coquetel que aconteceu na mesma noite, jornalistas e mais jornalistas se aproximaram de mim para fazer perguntas sobre as séries, aproximando-se para dizer coisas como:

— Sabe, essa é a primeira vez que a vi sorrir lá em cima.

— Se eu soubesse seu segredo...

— Você está tão... diferente este ano.

Primeira. Única. Diferente.

Sim.

Sim, eu sou.

simsimsimsimsimsimsimsimsimsimsimsim

Na última sexta-feira, subi a costa da Califórnia até The Promised Land, A Terra Prometida. Que é o nome da casa de Oprah. Como se você não soubesse disso. É como não saber que a Casa Branca se chama Casa branca.

Eu fui convidada para A Terra Prometida para filmar um episódio do programa *Super Soul Sunday*, da emissora de Oprah Winfrey.

Eu me sentei com Oprah para a entrevista. E sobrevivi a ela.

Fiz mais do que sobreviver.

Se me ligar para perguntar "Ei, Shonda, como foi ser entrevistada por Oprah?"

Boa pergunta.

Fico feliz por ter perguntado.

Sente um pouco que vou contar tudo.

PORQUE CONSIGO ME LEMBRAR DE CADA DETALHE.

Lembro da experiência. Eu estava mentalmente presente. Minha alma não preparou meu corpo para a morte inevitável.

Eu estava relaxada. Estava confortável. Não havia nervosismo. A entrevista foi simplesmente divertida.

Você me ouviu.

Eu apenas me diverti muito, muito mesmo, fazendo aquela entrevista.

Uma grande e linda pintura se pendurou nas paredes de meu cérebro e ficou ali.

E não foi apenas porque Oprah é incrível. Oprah é, sem dúvida, a melhor anfitriã de talk show do planeta, e é muito inteligente, perspicaz e gentil. Ela *foi* incrível. Mas já estabelecemos que ela sempre foi incrível e mesmo assim, antes do Ano do Sim, a velha Shonda teria sofrido algum tipo de ataque nuclear de pânico, resultando em total amnésia.

Oprah sempre será incrível nesse cenário.

A diferença era eu.

Não tinha armadura. Não tinha o que esconder. Não estava preocupada com nada.

Eu era... destemida.

Então, tivemos uma conversa. Batemos um papo. Conversamos.

Do que eu sempre tive medo?

O que eu estava protegendo?

Por que ficava tão nervosa?

simsimsimsimsimsimsimsimsimsimsimsim

E agora estou aqui sendo fotografada para a capa da *EW*.

Outra pintura para as paredes.

— Acho que está na hora — diz Cathy para mim, enquanto retira os lenços enfiados no pescoço de meu vestido de festa e recua.

E, de repente, James está diante de mim. Ele tem uma câmera jogada por cima do ombro e consigo ver mais duas ou três câmeras em um carrinho, esperando a vez de serem usadas.

James tem um rosto amigável, sincero. Gosto dele na hora. James estende o braço, pega minhas mãos e me olha. Deixo o corpo relaxar, deixo que meus olhos se concentrem nos dele. Aprendi o suficiente sobre ser fotografada para saber que preciso estar aqui, nesta sala, com James, no momento. Em nenhum outro lugar.

— Está pronta? — pergunta ele.

Respiro fundo.

Se estou pronta?

Estou?

Respiro fundo de novo e olho para James.

— Sim — digo. — Sim, estou pronta.

James sorri. Aperta minha mão e aperta os olhos, de modo reconfortante.

— Vamos em frente — diz ele, e sai para pegar outra câmera.

simsimsimsimsimsimsimsimsimsimsimsim

Dias antes, tentei explicar a Delorse a grandeza do que ela tinha feito por mim naquela manhã de Ação de Graças há um ano e meio. Tentei agradecer, tentei dizer que ela mudou minha vida. Que ela *salvou* minha vida. Enquanto eu falava, Delorse me encarava com a cabeça inclinada. Esperava com educação, mas indicava com o rosto o quanto achava que aquilo soava ridículo.

— Shonda — disse ela, quando enfim parei de falar —, não fiz nada. Você fez todo o trabalho. Foi como...

Então Delorse parou. Ela costuma fazer longas pausas que servem de ganchos épicos na discussão de tópicos importantes. Ela foi até minha geladeira e vasculhou até encontrar uma pera. Delorse a lavou. Secou. Não estou brincando.

— Foi como se você precisasse de permissão — disse Delorse, por fim. Então deu de ombros. — Sou sua irmã mais velha. Dei permissão a você. Não é nada demais.

Assenti. Estava saindo quando Delorse falou de novo.

— Estou muito orgulhosa de você — disse ela, baixinho. — Você não tinha alegria. Só dormia. Literalmente. E metaforicamente. Estava dormindo. Eu estava preocupada. A vida é curta. A sua parecia muito, muito curta. E agora se transformou por completo. Está viva. Está vivendo. Algumas pessoas jamais fazem isso.

Então ela colocou a bolsa no ombro e saiu de minha cozinha.

Essa minha irmã.

simsimsimsimsimsimsimsimsimsimsimsim

A única coisa que aprendi é que não sei NADA. Se alguém me dissesse, na manhã daquele dia de Ação de Graças de 2013, que eu seria uma mulher completamente diferente hoje, teria rido na cara da pessoa. No entanto... aqui estou.

Com 57 quilos a menos.

Mais leve por dispensar várias pessoas tóxicas.

Mais próxima da família.

Uma mãe melhor.

Uma amiga melhor.

Uma chefe mais feliz.

Uma líder mais forte.

Uma escritora mais criativa.

Uma pessoa mais honesta — tanto comigo quanto com todos em minha vida. Mais aventureira. Mais aberta. Mais corajosa. E mais gentil. Com outros. Mas também comigo mesma. A crueldade com que eu me tratava não é mais tolerada.

A porta da despensa está aberta. Estou entre os vivos.

Subindo outra montanha.

Procurando outra vista.

Pendurando pintura após pintura nas paredes ali dentro.

simsim**sim**sim**sim**sim**sim**sim**sim**sim**sim**sim

Um ventilador sopra meu rosto. Beyoncé sai aos berros dos alto--falantes no teto. James me fotografa. Toda a equipe dele está em volta, de olho em todos os meus movimentos. Estão me observando, ajustando as luzes. Ajustando o foco. Como estou ocupada demais dançando para esquecer os problemas, não fico tímida.

James gesticula e, de repente, um dos grandalhões dele está ao meu lado. Ele coloca uma caixa de maçãs maior no chão. Estende a mão e me ajuda a subir nela. Olho para James. Ele gesticula para que o volume da música seja abaixado por um momento. Então me direciona para a posição.

— Dê um passo à frente. Vire o rosto, apenas um pouco. Agora, não quero que se sinta travada ou como se não conseguisse se divertir, eu adoro, mas você sente esse calor no rosto? Preciso que sempre sinta isso.

Assinto.

James aponta para alguém, Beyoncé retorna e ele fotografa tomada após tomada, e estou dançando. Danço "Crazy In Love", depois "Drunk In Love" e "Who Run the World". Conforme faço isso, conforme danço, olho todos de cima, de meu lugar no pequeno monte de caixas de maçã. Cathy está lá fora dançando comigo e todos sorriem e a sala não passa de uma onda de energia. Ergo e passo as mãos pelos cabelos e viro o rosto para o calor da luz.

"Estou sobre minha montanha, de pé sob meu sol", penso.

James se aproxima, fotografando meu rosto de perto no momento em que caio na gargalhada, por conta desse pensamento.

E James e os caras ao redor dele riem também. A câmera nunca para de captar imagens. A Rainha Beyoncé não para de cantar.

James sorri, olha para o monitor.

— Você é linda! — grita ele para mim.

Você é linda.

James diz como se fosse uma conclusão inevitável. Ele grita. Então decido não discordar. Decido acreditar nele. James é obviamente um homem brilhante. James *sabe* o que fala.

— Sim — sussurro comigo mesma. — Sou linda.

James me olha.

— Tem mais disso em você?

Sorrio.

— SIM.

No mesmo instante, James ergue a câmera, aproximando-se de novo, tirando uma foto atrás da outra.

— Continue dançando — ordena ele. — Não vai acreditar no que estou vendo!

Então danço para esquecer os problemas. Danço em minha montanha, sob meu sol, como se minha vida dependesse disso. Porque depende.

E James está errado quanto a acreditar. Porque, quando vejo as fotos depois, acredito piamente no que vejo. A mulher que vejo pode ser nova, mas eu a conheço bem. Gosto dela. Gosto de quem é. Gosto de quem está se tornando.

Eu a amo.

Encarando aquelas fotos, sei agora que meu Ano do Sim sempre foi a respeito disso. Amor.

É apenas amor, só isso.

Aquela garotinha com os vegetais enlatados abre a porta daquela despensa apenas o bastante para olhar pela fresta da porta para a luz do sol. Ela também vê essa linda mulher banhada em luz usando o vestido vermelho com o sorriso largo no rosto.

Ela aprova. Ela ama a mulher também.

Quem eu era. Quem eu sou.

É apenas amor.

Mal posso esperar para descobrir quem serei quando o próximo dia de Ação de Graças chegar.

Quem quer que eu seja, serei linda.

Porque posso ser uma velha mentirosa, mas serei uma linda velha mentirosa.

Serei feliz.

Terei valor.

Digna da Fábrica de Chocolate.

Sempre um trabalho em andamento.

Sempre dançando.

Sempre ao sol.

Sim.

Sempre dançando ao sol.

Sim

Sim.

Sim.

Agradecimentos

Tantas mãos, tanta ajuda. De tantas formas, tanta gente foi de contribuição inestimável para mim, tanto com o livro quanto com os 18 meses ou mais que antecederam o livro.

Não há palavras o suficiente para expressar de maneira adequada minha gratidão. Só posso dizer que espero e rezo para que cada um de vocês possa pegar uma caixa de maçã, ficar de pé ao sol e, então, diante do mundo inteiro, fazer a pose do poder como louco. Pois cada um de vocês é um verdadeiro superherói. Podem não ter salvo *o* mundo, mas salvaram *meu* mundo.

Obrigada:

Minha agente literária, Jennifer Joel, da ICM, que me disse que minha louca experiência pessoal de dizer Sim a tudo deveria virar um livro e, então, com paciência, soltou as migalhas de pão que levaram este livro insano à linha de chegada. Marysue Rucci, da Simon & Schuster, me contratou para escrever um livro sobre maternidade e então, quando descobri que não queria escrever aquele livro, ela sem pestanejar me permitiu escrever este no lugar. Estou encantada, engrandecida e transformada pela experiência de trabalhar com ela e com Jenn. Essa é minha definição de trabalho dos sonhos.

Meu agente de TV, Chris Silbermann, da ICM, deu apoio e, em vez de me lembrar que já tenho empregos demais e filhos demais para alimentar, agiu como meu gladiador pessoal o tempo todo. Michael Gendler é o cérebro legal que faz tudo isso ser possível.

Chris Dilorio da PMK-BNC continua com o esforço de Sísifo para rolar a pedra que sou eu montanha acima, e nenhuma vez colocou minha cabeça em uma caixa ou fez uma roupa com minha pele. Nem um minuto dessa jornada até os olhos dos leitores teria sido possível sem ele.

Ilee e Vera Rhimes são meus pais. Eles me fizeram. Eles me deram forma, me moldaram. Incansavelmente atenderam minha necessidade de discutir meu "plano para o futuro" e aplaudiram minhas ambições. Meu pai me disse que "o único limite para seu sucesso é sua imaginação" e minha mãe consertou, lidou com, deu uma de Olivia Pope com todos que tentaram fazer com que eu sentisse que aquilo não era verdade. Os dois foram mais primeiros gladiadores. Toda criança deveria ser criada com o mesmo incentivo e proteção destemida.

Como um todo, meus irmãos e minhas irmãs são pessoas incríveis. Em particular, minha irmã Sandie Bailey tem mais talentos, habilidades e dons do que qualquer um que já conheci. O fato de usar muitos desses talentos para tornar *minha* vida melhor é mais do que incrível. Que ela enfie um bebê debaixo do braço sem sobreaviso para que eu possa escrever faz com que Sandie seja inspiradora. Que ela me proteja com coragem quando acha que não posso ver *e* deboche de mim na minha cara ao primeiro sinal de egoísmo a torna perfeita. Que compartilhemos nossa experiência singular de infância juntas é algo que eu não trocaria por nada no mundo.

O conteúdo deste livro deveria deixar claro por que tenho por minha irmã Delorse Bond uma dívida de gratidão. Mas saiba que o que contei sobre ela nestas páginas é apenas a ponta de um iceberg muito grande. Se eu contasse tudo o que ela fez por mim, seriam precisos livros e mais livros. Então vou apenas contar que sei que Delorse é esquisita e maravilhosa e antiquada e nerd e hilária e de alma boa e altruísta e incrível e somente ela entenderá a profundidade do elogio quando eu disser que ela foi para mim tanto uma Caçadora quanto um Senhor do Tempo: *estou protegida.*

Christopher Thoms é meu irmão de outra mãe. Acrescentá-lo à família foi a melhor coisa que já fiz. Nossas vidas podem mudar, mas nossa Cashio Street sobrevive.

Tenho três filhas que amo mais do que tudo. Então nunca poderia comandar Shondaland ou escrever este livro sem ajuda de verdade em casa. Se tentasse, morreríamos de fome e rolaríamos na imundície como porcos. Para fazer o que faço, tenho uma cidade inteira de mulheres trabalhadoras poderosas e arrasadoras que tornam minha casa um lar. Então agradeço a Mirtha Ross, Kelly Cheever, Ula Hrynhok, Cassidy Brown, Taylor Thompson, Calais Brown. E repito: Jenny McCarthy é tudo para mim. Essas mulheres me *salvam* e, enquanto eu escrevia este livro, me apoiaram de maneiras que eu jamais poderia ter sonhado.

Harper, Emerson e Beckett são simplesmente as mais incríveis, melhores, mais especiais, talentosas, brilhantes e lindas crianças. Nenhuma outra criança se compara. Cada coisa que fazem, dizem e são é perfeita — mesmo quando não é. Estão se desenvolvendo exatamente como deveriam e são um lembrete constante para que eu pare e brinque.

Cassidy Brown leu o manuscrito à medida que ele saía da impressora, capítulo após capítulo, e me deu muito incentivo. Erin Cancino e Alison Eakle leram o manuscrito completo antes de todos e aproveitaram a oportunidade para me contar em detalhes o que estava uma droga. E opinião honesta é inestimável. Que essas três mulheres tenham manifestado seus pontos de vista sem medo devolve minha fé na humanidade.

Abby Chambers me ouviu ler em voz alta enquanto eu digitava, e Zola, Gordon e Scott ouviram minha ansiedade enquanto bebíamos. Minha equipe incrível de assistentes — Abby, Erin, Lense, Matt — me manteve sã, alimentada e seguindo em frente. Meu motorista preferido, Mike Reynolds, estacionou em muitas ruas silenciosas e se recusou a divulgar minha localização para que eu pudesse escrever em paz do assento traseiro do carro.

Betsy Beers está fora de discussão. Eu precisaria escrever um livro sobre os muitos trejeitos incríveis dela. Ela, Pete Nowalk e cada membro da minha família *Grey's Anatomy*, minha família *Scandal*, minha família *How to Get Away With Murder* e minha família maior, em Shondaland, são talentosos, entusiasmados e alegres. Eles me fazem querer ir trabalhar.

Os escritores dos escritórios de Shondaland me ofereceram companheirismo, refúgio, magia, inteligência, diversão, guloseimas, aulas de sapateado, "Com amor, Joan", a regra da história de emergência (na dúvida, vá de vampiro), fofoca, artes e artesanato, histórias de guerra, Terças de Uísque/Sextas de Vinho/Segundas de Margarita e um mundo inteiro de talento incrível criativo. Trilhos jamais seriam postos sem eles.

Linda Lowry tornou meu mundo melhor e mais criativo com as escolhas de elenco dela. Tenho tanta gratidão por cada ator que ela descobriu e colocou diante de mim. Para *este* livro, agradeço Linda sobretudo por trazer Sandra Oh para minha órbita.

Todos na ABC e nos estúdios ABC foram gentis, graciosos e, como sempre, deram apoio durante o processo deste livro. Eles continuam fazendo do estúdio um lugar maravilhoso para se chamar de lar.

Há dois caras no centro da Apple em algum lugar com vozes graves e tranquilizadoras ao telefone que salvaram este manuscrito, evitando assim que eu me atirasse no mar depois que derramei uma garrafa d'água em meu MacBook Pro enquanto escrevia. Obrigada, Stuart e Jason, onde quer que estejam.

Dana Asher, Cathy Highland, Verlyn Antoine são minha equipe do glamour. Elas me fazem parecer e me sentir linda. Mais do que isso, trazem à tona uma versão melhor de mim que eu nem sabia que existia. Agradeço a elas todos os dias. Lembrem-se de que o único motivo pelo qual eu tenho essa aparência quando você me vê é porque TRÊS pessoas trabalharam no mínimo DUAS HORAS E MEIA (mais compras, provas de tamanho, ajustes nas roupas) em mim. Eu *não* acordei assim.

Eva Cwynar, médica, salvou minha vida e se tornou minha amiga. Sua determinação, fé e incentivo foram e ainda são inestimáveis para mim. Não há palavras para dizer obrigada.

Gordon James, Zola Mashariki e Scott Brown são indivíduos extraordinários. Eles se reuniram para me animar de maneiras que eu não achava possíveis, e me ensinaram a redefinir minha ideia de amizade verdadeira. Os não julgamentos, dizer a verdade, a natureza Espero que Ajude de nossa pequena gangue destemida e sonhadora de Bonnies e Clydes parecem ilimitados. Todos os obstáculos são superáveis, toda montanha pode ser conquistada. As pinturas que eles penduraram em minhas paredes são algumas das melhores: as aulas de dança em Edgartown, Cabotties de emergência na sala de TV, os brunches na Soho House, os domingos de TSB (Traga Seu Bebê), as conversas incríveis, as revelações, a diversão, a diversão, a diversão... Delorse me inspirou a começar, mas esses três se recusaram a me deixar desistir. A estrada que viajamos lado a lado é hardcore, morreria por eles até o fim.

Quando contei a Sandra Oh que escrevi este livro, falei sobre superar o medo de me impor. Ela assentiu porque sabia como tinha sido para mim. Mas pareceu confusa.

— O que — perguntou Sandra, por fim — você fazia com algo se tinha muito medo de dizer *antes* de seu Ano do Sim?

Eu a encarei por um bom tempo.

— Sandra — falei, devagar — VOCÊ dizia para mim.

Sandra piscou.

— Ah. Ah! Ah, certo, ah, meu *Deus*!

Nós sempre nos surpreendemos com revelações. Sandra criou uma personagem comigo que mudou a vida de nós duas para sempre, de maneiras que continuamos descobrindo. Processando. Nos recuperando. Acho que Sandra e eu jamais vamos entender o impacto total que temos uma na vida da outra. Nós duas somos metades de uma ficção e a soma de uma experiência. Agradeço a ela por ter se juntado a mim nessa jornada — às vezes dolorosa, às vezes linda. Sempre educativa. Para sempre libertadora.

Christina Yang me tornou corajosa. Agradeço a ela por ter surgido do éter.

Por fim, a qualquer um lá fora que tenha assistido a qualquer uma de minhas séries e tenha gostado — mesmo que de um só episódio, mesmo que uma só vez —, estou mais do que agradecida. Significa que, pelo menos uma vez, fiz algo certo.

Você deve fazer as coisas que acha que não consegue fazer.

— ELEANOR ROOSEVELT

Sobre a autora

Aclamada pela crítica, Shonda Rhimes é a premiada criadora e produtora executiva dos sucessos de televisão: *Grey's Anatomy, Private Practice* e *Scandal*, e diretora executiva de *How to Get Away With Murder.* Também são de Shonda os sucessos *O diário da princesa 2: Casamento real, Crossroads: Amigas para sempre* e *Dorothy Dandridge: O brilho de uma estrela*. Rhimes tem bacharelado em literatura inglesa e escrita criativa pela Faculdade de Dartmouth, e mestrado pela Escola de Cinema e Televisão da Universidade do Sul da Califórnia. Além disso, é ph.D. honorária por essas duas instituições. Rhimes foi incluída duas vezes na lista das 100 Pessoas Mais Influentes da revista *Time*, além das 50 Mulheres Mais Poderosas dos Negócios da revista *Fortune*, Poder das Mulheres da revista *Variety* e Mulheres do Ano da revista *Glamour.* Em 2013, Rhimes foi indicada pelo presidente Obama para ser conselheira do John F. Kennedy Center de artes performáticas.

Pelo trabalho em *Grey's Anatomy*, Rhimes recebeu o prêmio Produtor de Televisão do ano de 2007 do Producers Guild of America, o Globo de Ouro de 2007 por Melhor Drama de Televisão, o prêmio Lucy de 2007 por Excelência na Televisão da Women in Film, o prêmio de 2006 da Writers Guild por Melhor Série Estreante, além da nomeação ao Emmy por Melhor Série de Drama e Roteiro para Série de Drama. Por *Scandal*, Rhimes foi a vencedora de 2013 do prestigiado prêmio Peabody. Rhimes foi laureada com o prêmio Golden Gate da GLAAD em 2012, o prêmio Hope da RAINN em 2010 e o prêmio Television Academy Honors em 2012. Rhimes foi a vencedora de 2005, 2013 e 2014 do prêmio AFI de Série de Televisão do Ano. Além disso, Rhimes ganhou seis prêmios NAACP Image por Melhor Roteiro de Série Dramática, além de oito prêmios NAACP Image por Melhor Série de Drama.

Em 2014, Rhimes e a parceira de produção Betsy Beers receberam o prestigiado prêmio de Diversidade da Directors Guild of America. Essa foi apenas a quinta vez em que a organização concedeu esse prêmio. Além disso, Rhimes foi laureada em 2014 com a medalha W.E.B. Du Bois de Harvard e com o prêmio de Liderança de Sherry Lansing da revista *Hollywood Reporter.* Também em 2014, foi nomeada para a lista de novos empreendedores New Establishment da revista *Vanity Fair* e para a lista New Guard de 50 Mulheres Mais Bem Conectadas da América da revista *Marie Claire*. Em 2015, Rhimes recebeu o prêmio Paddy Chayefsky Laurel por Realização de Roteiro de Televisão da Writer's Guild of America Oeste, e entrou para o Broadcasting Hall of Fame da Associação Nacional de Emissoras. Ela também recebeu o prêmio Global de Direitos das Mulheres Elanor Roosevelt da fundação Feminist Majority em reconhecimento pelo trabalho ao mudar o rosto da mídia.

Nascida e criada em Chicago, Illinois, Rhimes agora mora em Shondaland, um lugar muito real e muito imaginado que poderia estar em Los Angeles. Ela é a orgulhosa mãe de três filhas.